화폐적 특이점이 온다
비트코인 웨이브

화폐적 특이점이 온다

비트코인 웨이브

이종민 지음

netmaru

화폐적 특이점

새로운 화폐의 출현으로
기존 경제 질서와 인간 삶의 양식이
근본적으로 변화하는 현상

contents

Prologue. 비트코인은 버블이 아니다 · 8

Part 1. 비트코인이 어렵지만 특별한 이유 · 11

Part 2. 비트코인 이전에 알아야 할 법정화폐 · 19

Part 3. 돈과 인플레이션의 본질 · 37

Part 4. 비트코인은 어떻게 작동하는가 · 57

Part 5. 비트코인은 정말 화폐가 될 수 있을까 · 135

Part 6. 비트코인 사용의 모든 것
　　　　주소 생성부터 결제, 노드 운영, 채굴까지 · 185

Part 7. 비트코인의 현재와 미래 · 211

Part 8. 우리는 무엇을 해야 하는가 · 265

비트코인은 버블이 아니다

비트코인은 2009년 네트워크가 처음 가동된 이후 16년 넘게 지속되었다. 그동안 가격은 수많은 변동을 겪었지만 결국 꾸준하고 폭발적으로 상승해왔다. 일반적으로 버블은 급격한 가격 상승 후 붕괴되는 특징을 가지며, 역사적으로 10년 이상 지속된 버블은 존재하지 않는다. 만약 비트코인이 단순한 투기적 버블이었다면 2013년, 2017년, 2021년의 급등과 조정을 거친 후 사라졌어야 한다. 하지만 비트코인은 여전히 운영되고 있으며, 동시에 네트워크는 더욱 강력해졌고 이에 대한 수요도 꾸준히, 그리고 크게 증가하고 있다.

오늘날 정보의 전달과 분석 속도는 과거와 비교할 수 없을 정도로 빨라졌다. 시장 참여자들은 즉각적으로 데이터를 해석하고 투자 결정을 내리며, 실체 없는 자산이 장기간 고평가되는 것이 점점 더 어려운 환경이 되었다. 그럼에도 불구하고 비트코인의 가격이 지속적으로 상승한다는 것은, 그것이 단순한 투기가 아니라 실질적인 효용을 제공하고 있음을 의미한다.

비트코인의 가치는 검열 저항성, 희소성, 탈중앙성과 같은 핵심 특성에서 비롯된다. 기존 화폐 시스템은 통화량이 팽창되며 그 가치가 지속적으로 훼손되지만, 비트코인은 고정된 발행량과 신뢰할 수 있는 네트워크를 통해 안정적인 가치 저장 수단으로 자리 잡아가고 있다. 이에 따라 개인과 기관 투자자, 기업, 심지어 일부 국가들까지 이를 채택하고 있다. 그리고 2025년부터는 세계 최강대국인 미국이 그 중심에 서게 된다.

인류의 발전은 실체에서 개념으로, 구체적인 것에서 추상적인 것으로 나아가는 과정이었다. 우리는 돌과 금속으로 도구를 만들던 시대를 지나 이제 원자 단위를 다루는 기술을 발전시키고 있다. 의사소통은 몸짓과 소리에서 언어와 문자로, 나아가 디지털 코드로 확장되었으며, 가치 교환 역시 가축과 곡물의 교환에서 금속화폐, 법정화폐를 거쳐 점점 더 디지털 형태로 변화하고 있다.

비트코인은 이러한 흐름 속에서 등장한 가장 혁신적이고 추상적인 형태의 화폐다. 새로운 패러다임이 등장할 때마다 세상은 이를 부정해 왔다. 피카소의 추상화가 처음 등장했을 때도, 인터넷이 보급되기 시작했을 때도 마찬가지였다. 그러나 역사는 변화를 거부하는 것이 아니라, 결국 이를 받아들이며 나아갔다.

이제 우리는 새로운 금융 질서의 초입에 서 있다. 비트코인은 단순한 투기가 아니라, 자유롭고 검열 없는 경제 시스템으로 가는 중요한 흐름이다. 변화는 이미 시작되었으며, 이제 우리는 그 흐름을 이해하고 주목해야 한다.

PART 1

비트코인이 어렵지만 특별한 이유

변화 없이는 진보도 없으며,
마음을 바꿀 수 없는 사람은 아무것도 바꿀 수 없다.

"Progress is impossible without change,
 and those who cannot change their minds cannot change anything."

- 조지 버나드 쇼(George Bernard Shaw)

    비트코인은 처음 접하면 어렵게 느껴질 수 있다. 하지만 걱정할 필요는 없다. 이 책은 단순한 기술 설명서나 투자 지침서가 아니다. 비트코인의 본질을 깊이 이해하고 싶은 사람들을 위해 쓰였다. 비트코인이 아직 낯설더라도 괜찮다. 이 책을 끝까지 읽고 나면, 지금은 복잡해 보이는 퍼즐 조각들이 하나의 명확한 그림으로 완성될 것이다.

    나는 처음 단순한 기술적 호기심으로 비트코인을 공부하기 시작했다. 그런데 파고들수록 놀라움을 감출 수 없었다. 비트코인은 단순한 코드 몇 줄이 아니라, 암호학, 네트워크, 경제학, 게임 이론 등이 정교하게 얽힌 하나의 시스템이었다. 이 설계를 이해하는 순간, 마치 한 편의 예술 작품을 감상하는 듯한 감동이 밀려왔다.

    하지만 현실에서 마주한 비트코인은 기대와는 달랐다. '두 주체가 제3자 없이 직접 거래하는 디지털 화폐'라는 개념은 이미 구현되어 있었지만, 아이러니하게도 실제 대부분의 거래는 제3자인 거래소에서 이루어졌다. 사람들은 비트코인의 본질보다 가격 변동성에 집중했고, 24시간 내내 차트를 들여다보며 매매를 반복했다. 누군가는 큰돈을 벌어 부동산을 샀고, 또 누군가는 모든 것을 잃었다.

이런 모습을 보면, 비트코인이 본래 목적과는 다르게 단순한 투기 수단처럼 보일 수도 있다. 솔직히 말해, 2025년인 지금도 상황은 크게 다르지 않다. 특히 한국에서는 더욱 그렇다. 비트코인을 제대로 공부하지 않는다면, 그 본질을 이해하지 못한 채 단순한 '투기성 자산' 정도로만 인식할 가능성이 크다.

비트코인을 어느 정도 이해한 후, 주변 사람들에게 설명해보려 했지만 이를 단번에 이해하는 사람은 거의 없었다. 오히려 관심조차 보이지 않는 경우가 많았다. 인터넷에서 본 단편적인 정보나 개인적인 경험에서 비롯된 직관이 비트코인에 대한 이해를 가로막고 있었다. 곰곰이 생각해보니, 사람들이 비트코인을 받아들이기 어려운 이유는 단순하지 않았다. 비트코인을 이해하려면 단 하나의 개념이 아니라, 여러 개념이 유기적으로 연결되어야 했다.

컴퓨터 공학을 조금이라도 알고 있다면 도움이 되겠지만, 그것만으로는 부족했다. 나는 대학에서 10년 넘게 컴퓨터 공학을 공부했고, 이후 최첨단 기술을 개발하는 기업에서 10년 넘게 일했다. 그런데도 비트코인을 쉽게 이해한 것은 아니었다. 더 놀라운 점은, 내가 만나온 뛰어난 공학자들조차도 비트코인을 깊이 이해하는 경우가 거의 없었다는 것이다.

기술을 안다고 비트코인이 보이는 것은 아니었다. 화폐란 무엇인지, 사람들이 왜 특정 화폐를 신뢰하는지, 역사 속에서 화폐가 어떻게 만들어지고 사라졌는지를 이해해야 했다. 우리는 평생 정부가 발행한 화폐만 사용해왔기 때문에, 정부 없이 화폐가 작동할 수 있다는 개념 자체가 쉽게 와닿지 않는다. 하지만 과거를 살펴보면, 국가가 아닌 민간이 화폐를 만들고 사용했던 역사는 생각보다 길다. 결국, 비트코인은 완전히 새로운 개념의 화폐가 아니라, 인류가 화폐를 발전시키는 과정에서 탄생한 혁신이다.

그러나 사람들이 비트코인을 받아들이기 어려운 가장 큰 이유는 따로 있다. 비트코인을 이해하려면, 자신의 기존 지식이 틀렸을 수도 있다는 가능성을 인정해야 한다. 그리고 비트코인뿐만 아니라, 우리가 익숙하게 사용해온 개념들—'화폐', '국가', '소유', '자유', '시장', '희소성'—조차도 온전히 이해하지 못하고 있을 가능성을 받아들여야 한다. 우리는 흔히 사용하는 단어라고 해서 그것을 정확히 알고 있다고 착각하는 경우가 많다. 하지만 막상 깊이 파고들어 보면, 그동안 피상적으로만 이해하고 있던 개념들이 비트코인을 통해 다시 의문으로 다가온다.

이러한 착각에서 비롯된 대표적인 오해들이 있다. "비트코인은 화폐가 될 수 없다.", "국가가 금지하면 끝이다.", "거래 속도가 느려서 결제에 적합하지 않다.", "범죄자들이나 쓰는 화폐다.", 비트코인이 등장한 이후, 이런 말들은 끊임없이 반복되어 왔다. 그러나 시간이 지나면서 하나씩 반박되었고, 결국 비트코인은 사라지지 않고 더욱 견고하고 강인한 화폐로 자리 잡았다.

비트코인에 대한 이해를 더욱 어렵게 만드는 것은 특정 이념이나 감정이 개입될 때다. 어떤 사람들은 비트코인의 기술적 우수성을 인정하면서도, 그것이 국가 경제에 해를 끼칠 수 있다는 오해에서 이를 받아들이길 꺼려 한다. 또 어떤 사람들은 정치적, 도덕적, 철학적 신념 때문에 비트코인을 불편하게 느낀다. 하지만 비트코인은 가치중립적인 화폐다. 받아들이든 받아들이지 않든, 그 본질적인 특성과 속성은 변하지 않는다. 중요한 것은 비트코인을 있는 그대로 바라보고, 그것이 우리의 삶과 공동체에 어떤 의미를 가질 수 있는지 고민하는 것이다.

우리는 흔히 '장님이 코끼리를 만지는 것처럼'이라는 비유를 쓴다. 비트코인도 마찬가지다. 어떤 사람은 한 부분만 보고 전체를 판단한다. 마치 코끼리의 다리만 만지고 "코끼리는 기둥처럼 생겨서 동물이 될 수 없다"고 말하는 것처럼, 비트코인의 일부만 보고 "비트코인은 이러이러한 이유로 화폐가 될 수 없다"고 말하는 경우를 쉽게 목격한다. 그러나 이런 결론을 내리는 것은 매우 위험하다.

비트코인은 인터넷 기반의 디지털 화폐이며, 이를 주고받기 위한 네트워크다. 그리고 무엇보다도, 지금까지 인류가 사용해왔던 화폐와 차별화되는 세 가지 독보적인 특징을 가지고 있다.

> 1. 누구나 온전히 소유할 수 있으며, 누구의 허락 없이도 자유롭게 전송할 수 있다.
> 2. 총 발행량은 2,100만 개로 제한되어 있으며, 투명한 규칙에 따라 발행된다.
> 3. 이 두 가지 특성은 변하지 않는다. 어떤 주체도 이 규칙을 바꿀 수 없다.

이것은 단순히 화폐에 대한 특징이 아니다. 이 세 가지 요소는 인간에게 자유와 자기 결정권을 부여한다. 그리고 더 나아가 기존 화폐 시스템이 초래한 문제를 해결할 기회를 제공한다. 이것이 바로 비트코인의 혁명이다. 그리고 이 책은, 앞서 언급한 세 가지 특징을 모두가 이해할 수 있도록, 그리고 이 특징들이 개인에게 어떤 가치를 부여하는지 설명하기 위해 쓰였다.

부디 이 책의 내용이 독자들에게 효과적으로 전달되어, 비트코인이 왜 개인에게 자유와 희망을 선사하는지 이해하는 데 도움이 되었으면 한다.

비트코인의 특징
1. 누구나 온전히 소유할 수 있으며, 누구의 허락 없이도 자유롭게 전송할 수 있다.
2. 총 발행량은 2,100만 개로 제한되어 있으며, 투명한 규칙에 따라 발행된다.
3. 이 두 가지 특성은 변하지 않는다. 어떤 주체도 이 규칙을 바꿀 수 없다.

PART 2

비트코인 이전에 알아야 할 법정화폐

종이돈은 결국 본래 가치인 0으로 돌아간다.

"Paper money eventually returns to its intrinsic value – zero."

- 볼테르(Voltaire)

법정화폐와 발행 주체

비트코인을 이해하려면 먼저 법정화폐 시스템을 이해해야 한다. 법정화폐 시스템이란, 1971년 닉슨 쇼크로 인해 달러와 금의 교환이 중단된 후 구축된 화폐 시스템을 말한다. 이때부터 우리가 사용하는 화폐는 순수하게 정부의 법령과 신뢰에 기반하게 되었다. 법정화폐의 발행은 다음과 같이 두 단계로 진행된다.

> **닉슨 쇼크**
>
> 닉슨 쇼크는 1971년 8월 15일, 미국 대통령 리처드 닉슨이 달러와 금의 교환을 중단한다고 발표하면서 발생한 사건이다. 이 발표 이전까지 미국 달러는 전 세계 기축통화로 자리 잡았으며, 각국은 자국 통화를 달러에 고정하는 방식으로 운영했다. 당시 미국은 1온스당 35달러의 고정 환율로 달러를 금과 교환해 주기로 했고, 이에 따라 각국은 달러를 준비금으로 보유하며 자국 통화를 발행했다.
>
> 그러나 전후 경제 부흥과 베트남 전쟁 등으로 인해 미국이 과도하게 달러를 발행하면서 달러의 신뢰가 흔들리기 시작했다. 이에 프랑스를 비롯한 일부 국가들은 보유한 달러를 금으로 교환해 줄 것을 요구했고, 미국의 금 보유량은 급격히 감소했다. 결국 닉슨 대통령은 금 교환을 중단한다고 선언했고, 이로 인해 기존의 국제 통화 질서는 붕괴했다.

첫 번째 단계는 중앙은행에서 발행한 화폐가 시중은행으로 흘러 들어가는 것이다. 이렇게 발행된 화폐를 명목화폐라고 부르며, 명목화폐의 발행은 중앙은행이 독점한다.

중앙은행은 각국의 통화 정책을 통해 화폐 발행과 통화량 조절을 담당하는 은행으로, 시중은행들의 은행 역할을 한다. 대표적인 중앙은행으로는 한국의 한국은행, 미국의 연방준비제도FEDeral reserve system, FED, 일본의 일본은행Bank of Japan, BoJ, 유럽연합의 유럽중앙은행European Central Bank, ECB이 있다. 시중은행은 개인과 법인의 예금 및 대출을 수행하는 기관으로, 일반적인 상업은행을 떠올리면 된다. 국제적으로는 제이피 모건JP Morgan, 뱅크 오브 아메리카Bank of America, HSBC 등이, 한국에서는 국민은행, 신한은행 등이 대표적이다.

중앙은행에서 시중은행으로의 화폐 공급은 주로 채권을 통해 이루어진다. 예를 들어, 시중은행이 신규로 발행한 채권을 중앙은행이 매입하거나, 시중은행이 보유한 다양한 채권을 중앙은행이 매입할 수 있다. 또한, 중앙은행이 시중은행이 보유한 채권을 담보로 자금을 대출해주는 방식으로도 화폐가 유입된다.

> **채권**
>
> 채권은 정부나 기업이 자금을 조달하기 위해 발행하는 차용증 같은 증서다. 예를 들어, 정부가 10년 후 원금을 갚고, 매년 5%의 이자를 지급하는 조건으로 100억 원 규모의 채권을 발행한다고 가정하자. 채권 투자자는 정부에 100억 원을 빌려주는 대신, 채권을 받는다. 이후 정부는 투자자에게 매년 5%의 이자를 지급하고, 만기인 10년이 되면 원금 100억 원을 상환한다. 또한, 채권은 만기 전에 다른 투자자에게 사고팔 수 있어, 투자상품으로도 활용된다.

두 번째 단계는 명목화폐를 공급받은 시중은행이 대출을 통해 개인이나 법인에게 화폐를 공급하는 것이다. 일반적인 상식과는 달리 이 과정에서도 화폐가 새롭게 발행된다.

금융에 큰 관심이 없는 사람들은 은행이 보유한 자금만큼만 대출할 것이라고 생각하기 쉽다. 그러나 시중은행은 부분지급준비제도를 통해 중앙은행이 정한 지급준비율만큼만 중앙은행에 예치하고, 나머지는 대출에 활용한다. 대출된 돈은 시중에서 다양한 거래를 거쳐 다시 예금되며, 예금된 금액 중 지급준비율을 제외한 나머지가 다시 대출된다. 이러한 과정이 반복되면서, 처음 공급된 화폐보다 훨씬 더 많은 금액이 시중에 유통된다. 이를 '신용 창출 Credit Creation' 또는 '화폐 승수 효과 Money Multiplier Effect'라고 부른다.

부분지급준비제도

부분지급준비제도는 시중은행이 보유한 자금(중앙은행에서 공급받은 자금이나 고객의 예금) 전액을 보관하지 않고, 지급준비율만큼만 중앙은행에 예치하고 나머지는 대출에 활용할 수 있도록 하는 제도이다. 예를 들어, 시중은행이 100억 원을 예금 받고 지급준비율이 10%라면, 10억 원만을 중앙은행에 예치하고 나머지 90억 원은 대출에 활용할 수 있다. 이 방식으로 은행은 예금된 금액 중 대부분을 자금 운용에 사용할 수 있다. 하지만 많은 고객이 예치된 돈 이상을 인출하려 하면, 은행이 보유한 현금이 부족해 지급 불능 상태에 빠질 수 있으며 이런 현상을 뱅크런(Bank Run)이라고도 부른다. 뱅크런이 발생하면 심각한 금융 위기로 이어질 수 있다.

예를 들어, 지급준비율이 10%라고 가정하자. 특정 시중은행이 중앙은행으로부터 1억 원을 공급받으면, 이 은행은 1억 원 중 10%인 1천만 원을 중앙은행에 예치하고, 나머지 9천만 원은 대출할 수 있다. 대출된 9천만 원은 대출을 받은 사람이 여러 결제에 사용하면서 수많은 사람을 거치며 시중을 떠돌게 된다. 그리고 이 9천만 원이 결국 다양한 사람에 의해 다시 은행에 예금되면, 은행은 그 중 지급준비율 10%로 계산된 9백만 원만 중앙은행에 예치하고, 남은 8천1백만 원을 다시 대출할 수 있다. 이 과정이 계속 반복되면, 시중에 유통되는 자금의 총량은 점점 증가하게 된다. 이론적으로는 처음 중앙은행에서 공급된 1억 원의 지급준비율이 10%이면, 시중에 유통되는 돈은 최대 10억 원까지 확대될 수 있다.

이 예를 통해 지급준비율이 낮아질수록 시중은행을 통해 유통되는 통화량이 크게 증가할 수 있음을 알 수 있다. 실제로 중앙은행은 통화량 조절을 위해 금리와 통화 정책 외에도 지급준비율 변경을 중요한 수단으로 고려한다.

참고로, 2025년 5월 기준 지급준비율은 한국 7%, 중국 6.6%, 유럽연합 1%, 일본 0.8%, 미국 0%로 설정되어 있다.* 앞서 지급준비율이 10%일 때 중앙은행에서 공급된 1억 원이 최대 10억 원까지 증가하여 시중에 유통될 수 있었다면, 지급준비율이 1%로 낮아지면 같은 조건에서 최대 100억 원까지 유통될 수 있다.

화폐 발행과 통화 정책의 결정 과정은 단일 기관의 판단에 의존하는 것이 아니라, 중앙은행, 정부 부처, 시중은행, 그리고 정치인 등 여러 주체의 상호작용 속에서 이루어진다. 중앙은행의 고위 인사들은 금리 조정, 통화량 관리, 지급준비율 설정 등 핵심 통화 정책을 수립하며, 전체 경제 유동성에 중대한 영향을 미친다.

정부는 세금을 징수하거나 채권 발행을 통해 필요한 통화를 확보하고, 이를 공공재원이나 다양한 사회경제적 프로그램에 배분하는 방식으로 간접적인 통화 정책을 수행한다. 정부 발행 채권의 주요 구매 고객은 해당 국가의 중앙은행이며, 금융 안정을 위해 중앙은행과 정부 간의 긴밀한 협력이 필수적이다.**

반면, 시중은행은 중앙은행이 정한 지급준비율 내에서 대출 총액을 조절하며, 그 결과 시장에 유통되는 화폐의 양이 결정된다. 또한,

---

* https://www.ceicdata.com/ko/countries 에서 각 국가의 지급준비율을 확인할 수 있다.
** 채권의 수요와 공급에 따라 채권 가격이 변동하며, 이는 금리에 영향을 미친다. 채권 가격과 금리는 반대로 움직이는데, 채권 가격이 상승하면 금리는 하락하고, 반대로 채권 가격이 하락하면 금리는 상승한다. 정부가 발행하는 채권을 중앙은행에서 적극적으로 매입하면, 채권 수요가 증가하여 가격이 안정적으로 유지되기 쉬우며, 이는 금리 안정화에도 도움이 된다. 반면, 중앙은행이 채권 매입을 줄이거나 매각하면 채권 가격이 하락하고 금리는 상승하는 경향이 있다.

시중은행은 대출 자금을 부동산, 학자금, 기업 금융 등 특정 부문에 전략적으로 할당함으로써 화폐가 경제 전반에 미치는 영향을 보다 세밀하게 조정한다. 이러한 결정들은 금융감독원, 금융위원회 등 정부 기관의 정책 방향과 정치인들이 입법한 법안에 의해 크게 좌우된다. 또한 각 기관의 고위 인사들이 상호 보완적으로 작용하는 복잡한 체계 내에서 통화 정책이 수립되고 집행되고 있다.

이번 섹션에서는 법정화폐 시스템의 화폐 발행 과정과 관련 주체들을 살펴보았다. 다음으로 법정화폐의 발행 비용과 시간을 살펴보겠다.

법정화폐의 발행 비용과 시간

법정화폐 발행에는 상대적으로 적은 비용과 시간이 소요된다. 1971년, 법정화폐 시스템이 본격적으로 자리 잡았을 때, 대부분의 화폐는 종이나 동전의 형태로 유통되었다. 그러나 종이 화폐와 동전은 보관, 이동, 결제 과정에서 여러 불편함을 겪었고, 점차 디지털화가 진행되기 시작했다. 예를 들어, 2023년에 발간된 "주권화폐: 준비금 은행제도를 넘어서"에서는 선진국의 전체 통화량 중 현금(종이 및 동전)이 차지하는 비중이 약 3%에 불과하다고 보고한다.[1]

중앙은행은 명목화폐를 발행함으로써 이익을 얻는다. 이는 실제

화폐 생산에 소요되는 비용이 화폐의 액면가가 보다 훨씬 낮기 때문이다. 이렇게 화폐 발행에서 발생하는 이익을 '화폐주조차익', 또는 '세뇨리지 Seigniorage'라고 하며, 본 책에서는 이를 화폐주조차익이라고 칭한다. 앞서 언급한 바와 같이, 법정화폐는 금과 같은 실물 자산에 의해 뒷받침되는 것이 아니라 정부의 신뢰를 바탕으로 가치를 인정받는다. 실제로 화폐 발행에는 종이, 잉크, 구리, 아연 등의 원료와 생산 비용만 필요하므로 화폐주조차익이 매우 높게 나타난다.

> **액면가**
>
> 액면가는 화폐에 표시된 공식적인 금액을 의미한다. 쉽게 말해, 화폐에 적혀 있는 숫자 그대로를 뜻하며, 예를 들어 10,000원권 지폐의 액면가는 10,000원이다.

최근에는 디지털 화폐가 주류를 이루면서 화폐 발행 비용이 더욱 낮아지고 있으며, 발행 시간 역시 크게 단축되었다.

이와 같이 신뢰 기반의 법정화폐 시스템에서는 화폐 생산에 드는 시간과 비용이 거의 들지 않는다는 사실을 확인할 수 있다. 다음으로, 화폐의 역사를 통해 몰락한 화폐와 신뢰받는 화폐의 특징을 살펴보고자 한다.

화폐의 역사
화폐 몰락의 이유

역사적으로 화폐가 몰락하는 과정을 살펴보면 다음과 같은 특징을 확인할 수 있다. 화폐의 발행량이 점차 늘어난 후 폭증하고, 물가 상승을 동반한 화폐 가치의 하락이 유발되며, 결국 화폐는 신뢰를 잃고 몰락하게 된다. 이러한 현상이 발생하는 원인을 다음의 세 가지로 단순화하여 분류해 보았다. 각 원인의 발생 시기는 과거부터 비교적 최근까지 시간 순서와도 일치한다.

첫째, 특정 지역에서 희소했던 원료가 화폐로 사용되던 중, 외부에서 대량 유입되거나 생산 효율 증가로 인해 낮은 비용으로 조달 가능해진 경우이다. 즉, 원래 희소했던 원료가 더 이상 희소하지 않게 됨에 따라 화폐량이 급격히 증가하면서 가치가 하락하게 된다.

대표적인 사례로는 유럽인들의 대량 운반으로 희소성이 사라진 얍섬의 돌화폐 Rai Stones, 유럽에서 값싼 유리구슬을 공급하면서 무너진 서아프리카의 구슬화폐 Bead Currency, 담배 생산량 증가로 가치가 하락한 버지니아의 담배화폐 Tobacco Money가 있다.

둘째, 희소한 원료인 금화나 은화를 화폐로 사용하던 중, 국가가 기존 화폐를 수거하여 금과 은의 함량을 낮추고 동시에 새롭게 주조된 화폐의 발행량을 크게 늘린 경우이다. 이는 재정 위기, 전쟁 비용

충당, 통화 확장을 위해 종종 시행되었으나, 장기적으로는 화폐 신뢰를 약화시켰다. 역사적으로 존재했던 금화와 은화 대부분이 이러한 과정을 거쳤으며, 대표적인 예로 이탈리아의 플로린Florin, 잉글랜드의 실링Shilling과 펜스Pence, 오스만 제국의 아크체Akce, 독일의 굴덴Gulden, 스페인의 에스쿠도Escudo 등이 있다.

셋째, 금이나 은과 같은 실물 자산에 대한 교환 증서로 종이화폐를 사용하다가, 실제 보유한 실물 자산의 양보다 과도하게 많은 종이화폐를 발행한 경우이다. 일반적으로 발권 권한을 가진 은행이나 국가는 보유한 금과 은의 양을 바탕으로 이와 교환해 주는 종이 화폐를 발행한다. 하지만 전쟁 비용 충당, 정부의 과도한 지출 등으로 인해 금·은 보유량을 초과하는 화폐를 발행하면서 이러한 사태가 발생하였다. 대표적인 사례로는 1860년대 미국 남북전쟁 당시 과도하게 발행된 그린백Greenback, 1차 세계대전 이후 금 태환을 유지하려다 실패한 영국 파운드, 그리고 미국이 실제 보유한 금보다 훨씬 많은 달러를 발행했던 브레튼우즈 체제가 있다.

브레튼우즈 체제

1944년 시작된 국제 통화 체제이다. 미국의 달러는 금에 연동시키고, 미국 이외 각국의 통화는 달러에 연동시키는 통화 체계이다. 미국에서 달러와 금의 교환을 중단한 닉슨 쇼크가 1971년에 발생한 것을 계기로, 1976년부터 공식적으로 브레튼우즈 체제는 종료되었다.

앞서 살펴본 화폐의 몰락 과정을 통해 몇 가지 사실을 알 수 있다. 먼저, 화폐의 물리적 형태는 특정 지역에서만 희소했던 원료에서 시작하여, 전 세계적으로 희소성이 높은 금과 은으로 자연스럽게 발전해 왔음을 확인할 수 있다. 이후 금이 화폐의 대세로 자리 잡았고, 상업과 무역의 발달로 인해 보관과 운반이 용이한 금의 교환 증서인 종이화폐가 실물화폐를 대체하게 되었다.

또한, 화폐를 발행하는 주체는 시장에서 선택된 상품화폐(돌, 구슬, 담배, 금, 은 등)에서 국가가 발행하고 관리하는 국가화폐로 발전하였음을 알 수 있다. 이러한 국가화폐로의 발전은 화폐 위조나 희석에 따른 사회적 혼란을 방지하기 위한 대의명분이 있었으나, 동시에 화폐 발권 권한을 독점하여 국가 권력을 강화하려는 의도도 내포하고 있었다.

몰락한 화폐의 원인을 분석해 보면 몇 가지 교훈을 얻을 수 있다. 첫째, 화폐주조차익이 높을수록 사람들이 이를 활용해 쉽게 부를 축적하려 한다는 점이다. 화폐의 원료를 외부에서 저렴하게 조달하는 방법을 선택하거나, 자신의 권력 및 타인의 신뢰를 이용해 화폐를 희석하거나 과도하게 발행하는 편리한 방법을 택할 위험이 있다. 국가나 기관은 대의를 명분으로 화폐 발행권을 독점하지만, 역사를 살펴보면 필연적으로 화폐 발권자들이 타락하여 화폐의 유통량을 과도하게 늘리게 된다. 결국, 화폐와 관련된 문제의 근본은 이기심과 탐욕을 가진 발권자, 즉 인간에게 있다고 할 수 있다.

이번 섹션에서는 화폐의 역사와 몰락 과정을 개략적으로 살펴보았다.* 이러한 내용은 다음 섹션에서 다룰 법정화폐의 현재와 미래를 고찰하는 데 유용한 시사점을 제공할 것이다.

법정화폐의 현재와 미래

법정화폐 시스템에서 중앙은행이 발행하는 명목화폐는 대부분 디지털 형태로 발행되기 때문에 실제 발행 비용이 거의 들지 않는다. 예를 들어 한국은행이 5만원을 발행하면 곧바로 5만원에 가까운 화폐주조차익이 발생한다. 여기에 더해 한국은행은 채권 매매 차익과, 시중에 화폐를 공급할 목적으로 매입한 채권에서 발생하는 이자 수익까지 얻게 된다. 이렇게 발생한 한국은행의 순이익 중 30%는 이의 법정적립금으로 적립되고, 나머지 70%는 정부에 귀속된다. 결국 이러한 구조에서 한국은행과 정부는 별다른 비용 없이 화폐 발행과 운용으로 발생한 이익을 함께 나누어 가지는 것이다.[2]

◆ 화폐의 역사에 대해 자세한 내용을 알고 싶은 경우, 아래 도서를 읽어 보기를 권한다.
  - 사이페딘 아모스. 위대선 역(2018). 「달러는 왜 비트코인을 싫어하는가」. 터닝포인트 출판사.
  - 닉 바티아. 정성환 역(2021). 「레이어드 머니 돈이 진화한다」. 심플라이프 출판사.

앞서 화폐 몰락의 사례에서 살펴보았듯이, 금화, 은화, 그리고 교환 증서로서의 종이화폐 모두 화폐 발권자들의 탐욕으로 인해 화폐 발행량의 증가를 효과적으로 제어하지 못했다. 다만 방금 언급한 화폐는 모두 실물 자산과 직접 또는 간접적으로 연동되어 있어서, 어느 정도 화폐 발행의 양을 늘리는 데에 제약이 있었다. 반면, 법정화폐는 어떠한 실물 자산에도 의존하지 않는다. 단지 발행 결정을 내리면 화폐의 양이 증가할 수 있다.

이제 법정화폐의 통화 정책을 결정하는 주체들, 즉 중앙은행, 정부 부처, 시중은행의 고위직 및 정치인들에 대해 생각해보자. 정부의 고위직과 정치인들은 대부분 선출직으로, 대중의 표를 받아야 한다. 중앙은행의 대표 역시 정부의 고위 인사에 의해 임명된다. 이러한 주체들의 결정에 따라 유통되는 화폐의 양은 증가할 가능성이 높다. 화폐 발행에 별다른 비용이 들지 않는 상황에서, 대중의 입장을 고려한다면 화폐의 증가를 제약할 이유는 거의 없기 때문이다.

실제로 한국에서 화폐 발행량이 줄어들 경우 어떤 일이 발생할지 사례를 통해 상상해보자. 한국에는 전세자금대출이라는 독특한 유형의 대출이 있다. 이는 2008년 이명박 정부 시절 본격적으로 시행되어 서민들의 주거 안정과 이자 부담 완화를 위해 도입되었다. 이후 2025년까지 박근혜, 문재인, 윤석열 정부가 차례로 집권하면서 전세

자금대출의 규모는 폭발적으로 증가하였다. 경제 전문지인 머니S의 2024년 보도에 따르면 전세자금 대출의 규모는 2012년 23조원에서 2019년 100조원을 돌파하고, 2021년말에는 180조원까지 폭발적으로 증가한 것으로 나타났다.[3]

이러한 대출 확대는 결국 통화량 증가로 이어진다. 만약 정부 고위 인사, 정부 부처 또는 시중은행이 전세자금대출을 대폭 축소하거나 중단한다고 가정하면, 집 소유자들은 집값 하락 우려로, 세입자들은 이자 비용 상승을 이유로 강하게 반발할 것이다. 과연 이를 추진하여 관철시킨 뒤에 발생할 정치적·사회적 리스크를 감당할 주체가 있을까? 이 문제는 전세자금대출뿐만 아니라 다른 정부 재정 정책에서도 유사하게 나타난다. 장기적으로 국가 지출을 줄이는 것은 현실적으로 달성하기 어려운 과제임을 알 수 있다. 다음의 재정지출 차트를 확인해보기를 바란다.

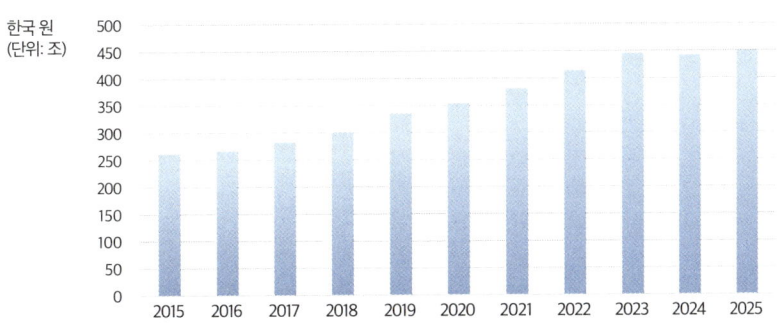

그림1 | 한국 정부의 재정지출 변화 2015-2025[4]

비슷한 맥락에서 한국의 통화량의 증가는 아래 차트를 통해서 확인할 수 있다. 해당 차트는 한국의 통화량 변화를 2005년부터 2024년까지 각 년의 1월 기준으로 보여준다. 이를 통해 매년 꾸준히 통화량이 상승하고 있음을 알 수 있다. 미국, 유럽연합 등 선진국의 통화량 차트도 큰 틀에서 비슷한 모습을 보인다.

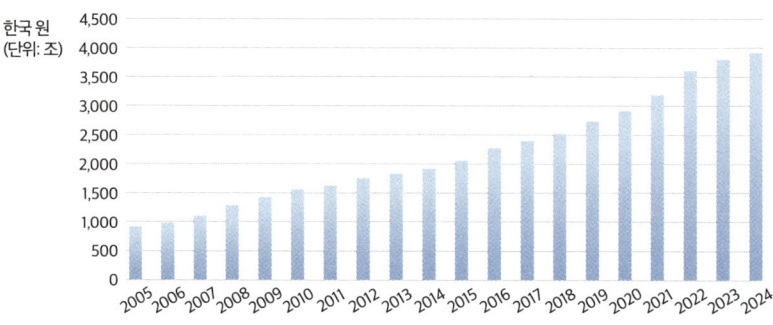

그림2 | 통화량의 변화(광의 통화 기준)[5]

광의 통화

광의 통화란 현금, 언제든지 인출할 수 있는 예금, 정기예금이나 적금 등 단기 유동성이 있는 금융 상품을 포함한 총 통화량을 의미하며, M2로 표시하기도 한다. 이는 경제 내에서 실제로 유통될 수 있는 돈의 규모를 측정하는 중요한 지표이며, 통화량을 나타낼 때 흔히 사용된다.

역사적으로 통화량의 폭증은 결국 화폐 몰락으로 이어졌다. 현재 우리가 사용하는 법정화폐 시스템의 미래는 어떻게 될까? 다른 화폐들과 마찬가지로, 언젠가는 법정화폐도 수명을 다하고 새로운 화폐 시스템으로 전환될 것이라 생각된다. 단, 그 시점을 예측하기는 매우 어렵다. 우리가 확신할 수 있는 것은 법정화폐가 그 수명을 다할 때까지 통화량이 계속해서 증가할 것이라는 점이다.

여기서 한 가지 의문이 제기될 수 있다. 과연 통화량의 증가는 문제가 되는가? 문제가 된다면, 왜 문제가 되는가? 다음 파트에서는 '돈이란 무엇인가'에 대해 고찰하며 이에 대한 답을 찾아보도록 하겠다.

다른 화폐들과 마찬가지로,
언젠가는 법정화폐도 수명을 다하고
새로운 화폐 시스템으로 전환될 것이라 생각된다.

PART 3

돈과 인플레이션의 본질

가치 있는 것은 쉽게 얻어지지 않는다.

"Nothing worth having comes easy."

- 시오도어 루스벨트(Theodore Roosevelt)

인터넷 상에 떠도는 한 구절로 시작해보자.

"나중에 사회생활을 하실 때,
'나는 돈에 관심 없어요' 하는 사람을 경계하셔야 해요.
그 사람은 돈에 미친 사람입니다."

우리 모두는 돈을 욕망한다. 돈은 우리의 삶에 깊숙이 영향을 미친다. 우리는 일상적인 선택에서도 경제적 득실을 따지며, 결국 돈이 우리의 행동을 크게 좌우한다. 예를 들어, 저녁 메뉴를 고를 때조차 그 날 사용할 수 있는 예산을 고려해 결정하는 경우가 많다.

이처럼 단순한 식사 메뉴의 선택뿐만 아니라, 우리가 내리는 많은 의사 결정에서 비용은 핵심적인 요소로 작용한다. 특정 선택에 따라 발생하는 비용이 우리의 결정을 좌우한다는 사실을 부정하기는 어렵다.

그렇다면, 우리 삶에 이토록 큰 영향을 미치는 돈이란 도대체 무엇일까? 이를 명확히 정의할 수 있는 사람은 많지 않다. 이제부터 돈의 본질에 대해 깊이 생각해 보자.

본격적인 설명에 앞서, 이 책에서는 '돈'과 '화폐' 그리고 '통화'를 거의 같은 의미로 사용한다. 다만, 문장 흐름과 어감을 고려해 각 단어 중 더 적절한 표현을 선택할 것이다.

돈이란 무엇인가

돈은 흔히 장부, 빚, 타인에 대한 에너지 청구권, 그리고 에너지를 저장하는 기술 등으로 다양하게 정의된다. 이처럼 각기 다른 정의를 보다 통합적으로 바라볼 수 있도록 도움을 주는 연구가 있다.

"Money is Memory(돈은 기억이다)[6]"라는 논문에서는 돈이 일종의 기억 장치의 역할을 한다고 주장한다.

두 사람 간의 거래에서, 한 사람이 어떤 서비스를 제공하고 그 대가로 돈을 받는다면, 돈은 그 거래가 이루어졌다는 '기억'의 증표로 볼 수 있다. 따라서, 거래 상대방이 과거 거래 내역을 기억할 수 있고, 그 정보가 변하지 않고 유지된다면, 굳이 돈이 없어도 돈이 있을 때와 동일한 수준의 거래가 가능하다는 것이 논문의 핵심 주장이다. 즉, 돈의 본질은 '기억'이라는 것이다.

그러나 현실에서는 모든 사람이 모든 거래를 기억하는 것이 불가능하다. 이에 대해 논문은 스프레드시트$_{spreadsheet}$♦와 같은 거래 장부

♦ 마이크로소프트의 엑셀을 떠올리면 이해하기 쉬울 것이다.

(기록 시스템) 개념을 도입한다. 이 장부는 누가 누구에게 어떤 자원이나 서비스를 제공했는지를 기록하며, 이는 곧 누가 누구에게 빚을 지고 있는지를 나타내는 시스템이다. 하지만 현실에서 이러한 장부를 완벽하게 유지하는 것은 불가능에 가깝다.

따라서, 돈은 장부의 역할을 대신하는 도구가 된다. 거래가 이루어질 때 돈을 주고받음으로써, 기억과 장부의 기능을 대신하는 것이다. 즉, 돈은 분산된 기억이자, 신뢰할 수 있는 거래 기록 시스템이라고 할 수 있다.

이 논문의 개념을 바탕으로, 이번 섹션의 서두에서 살펴본 돈의 정의―장부, 빚, 타인에 대한 에너지 청구권, 에너지 저장 기술―를 다시 살펴보자.

논문에서 설명한 바에 따르면 돈은 타인에게 받을 빚을 기록한 장부의 역할을 수행하는 데, 돈을 장부나 빚으로 정의한 것과 일맥상통한다고 볼 수 있다.

이에서 더 나아가 돈의 본질에 대해서 생각해보자. 내가 나의 에너지를 들여서 어떤 서비스를 제공하고 수령한 돈이 타인이 나에게 갚아야 할 빚을 나타낸다면, 돈을 타인에게 요청할 수 있는 에너지 청구권으로 정의할 수도 있을 것이다.

관점을 조금 바꾸어 생각해보면, 개인이 자신의 시간과 에너지를 제공하고 받은 돈은 자신의 에너지를 돈에 저장하고 미래에 사용하려는 것과 같으며, 돈은 일종의 배터리와 같이 에너지를 저장하는 기술로 생각할 수 있을 것이다.

이번 섹션을 통해, 돈은 '기억'이라는 개념을 바탕으로 장부와 빚, 그리고 타인에 대한 에너지 청구권 및 에너지 저장 기술의 개념으로 정의될 수 있음을 확인하였다.

추가적으로, 앞서 인용한 "Money Is Memory"의 주장을 되새겨 보자. 이 논문은, 공개적으로 공유되고 변하지 않는 장부 시스템이 곧 화폐의 기능을 수행할 수 있다고 본다. 이는 비트코인을 이해하는 데 중요한 시사점을 제공한다. 실제로 비트코인은 이러한 구조를 실체화한 네트워크이기 때문이다.

이제 앞서 설명한 돈이 무엇인가를 기억하면서, 다음 섹션에서 설명할 인플레이션이 어떤 문제를 발생시키는지에 대해 분석하겠다.

인플레이션과 개인의 통화 선택권

주류 경제학에서는 인플레이션을 경제 전반에 걸쳐 상품 가격과 자산 가격이 상승하는 현상으로 정의한다. 인플레이션의 원인은 크게 세 가지로 나눌 수 있는데, 다음 요인 중 하나 이상이 동시에 발생할 때 인플레이션이 나타난다고 설명한다.

수요 견인 인플레이션
수요가 공급을 초과할 때 발생하는 인플레이션. 경제가 호황을 맞아 소비자와 기업의 구매가 증가할 때 발생한다.

비용 인상 인플레이션
생산 비용이 증가할 때 발생하는 인플레이션. 원자재 가격 상승이나 임금 인상이 주요 원인이다.

통화 인플레이션
통화 공급량이 증가할 때 발생하는 인플레이션으로, 소비재(상품) 물가보다 주식과 부동산 같은 자산 가격 상승에 더 큰 영향을 미친다.

수요와 비용 요인은 단기적으로 물가에 영향을 줄 수 있지만, 이는 일시적인 변동 Noise으로 볼 수 있다. 자유시장에서는 가격이 신호 역할을 하며, 가격 변동에 따라 수요와 공급이 조정되고, 이 변화가 다시 가격을 통해 균형을 찾아가기 때문이다. 즉, 특정 상품이나 서비스의 가격이 수요 증가나 비용 인상으로 인해 일시적으로 상승할 수는 있지만, 장기적으로 시장이 이를 조정하는 기능을 수행한다.

그러나 예상치 못한 충격이 발생해 실제로 물가가 상승하더라도, 물가 상승률을 계산하는 방식을 이해하면 수요와 비용이 인플레이션을 유발한다는 주장에 의문이 생길 수 있다. 물가 상승률은 누적 계산 방식 Compound Calculation 으로 산출된다. 한 번 상승한 물가는 이후의 기준점이 되며, 다음 물가 상승률은 이미 오른 물가를 기준으로 다시 계산된다.

예를 들어, 전쟁이나 무역 분쟁과 같은 사건이 발생하면 물가가 급등하고, 이는 해당 시점의 물가 상승률에 반영된다. 그러나 추가적인 충격이 없다면, 이후의 물가 상승률은 이미 상승한 물가를 기준으로 계산되므로 물가가 지속적으로 오를 이유는 없다. 그런데도 현실에서는 물가가 꾸준히 상승하는 모습을 보인다.

> "그렇다면, 전쟁과 같은 일시적인 사건이
> 반복되지 않는데도
> 왜 물가는 계속 오르는가?"

그 이유는 개별적인 사건이나 외부 충격 때문이 아니라, 통화 공급량이 지속적으로 증가하기 때문이다. 다시 말해, 물가 상승의 본질은 수요나 비용의 변화가 아니라, 화폐 가치의 하락이 전체적인 물가 상승을 초래하는 것이다.

주류 경제학에서는 인플레이션을 여러 가지 요인으로 설명하며 복잡하게 정의하지만, 이는 오히려 본질을 흐리게 만든다. 수요와 공급의 변화, 원자재 가격 상승, 임금 인상과 같은 다양한 변수를 분석하는 것은 개별적인 가격 변동을 설명하는 데 유용할 수 있지만, 물가가 지속적으로 오르는 근본적인 이유를 이해하는 데 혼란을 줄 뿐이다. 변수를 지나치게 세분화하면, 정작 핵심적인 요소—인플레이션은 결국 통화량 증가에서 비롯된다—를 놓치게 된다.

이 책에서 말하는 '인플레이션'은 곧 통화 인플레이션을 의미하며, 이를 올바르게 이해하는 것이 매우 중요하다. 물가 상승의 본질을 제대로 파악하지 못하면, 정부와 중앙은행이 발표하는 다양한 경제 지표와 이론 속에서 혼란을 겪게 되고, 결국 인플레이션의 본질을 놓치게 된다.

이제 인플레이션과 관련하여 경제학에서 권위를 인정받는 두 사람의 발언을 살펴보겠다. 다음 인용문들은 통화 인플레이션의 본질을 정확하게 짚어낸다.

> "인플레이션은 입법 없는 과세다."
> - 밀턴 프리드먼 -

> "지속적인 인플레이션을 통해,
> 정부는 은밀하고 눈에 띄지 않게 시민들의 주요 부를 몰수할 수 있다."
> - 존 메이너드 케인스 -

앞서 언급한 대로 개인에게 돈이란, 자신의 시간과 에너지를 저장하는 저장소이자, 타인에게 자원과 에너지를 청구할 수 있는 청구권이다. 만약 누군가가 자신이 피땀 흘려 저장한 에너지를 조금씩 빼앗아 가고, 그렇게 빼앗은 에너지가 일부 사람들에게만 재분배된다고 가정해보자. 이는 사람들의 에너지를 강탈하는 것과 다를 게 없으며, 도덕적, 사회적으로 큰 문제를 야기한다.

이 설명은 음모론이 아니다. 이는 현재 우리 사회에서 실제로 벌어지고 있는 일이다. 경제 발전 등의 다른 요인을 배제하고, 순수하게 화폐량의 관점에서만 보면 내가 가진 화폐의 가치는 통화량이 증가한 만큼 희석된다. 예를 들어, 전체 통화량이 100원이고 그중 내가 1원을 가지고 있다면, 나는 전체 통화량의 1%를 소유하고 있는 셈이다. 그런데 다른 경제적 변수를 모두 동일하게 둔 채 통화량이 100원 추가로 증가하여 200원이 되면, 내 보유량의 비중은 0.5%로 줄어든다. 이는 내가 가진 화폐의 가치가 절반으로 희석된 것과 같다. 여기서 중요한 점은, 사회의 부는 단순히 통화량에서 나오는 것이 아니라, 자원의 양이나 생산 능력 등 실질적인 요소에 의해 결정된다는 것이다.

이제 통화량과 인플레이션이 구체적으로 어떻게 발생하는지 살펴보겠다. 이후 제시하는 모든 수치는 연평균복합성장률Compound Annual Growth Rate, CAGR을 통해 계산된 값이다.

연평균복합성장률은 일정 기간 동안 연평균 몇 퍼센트씩 성장했는지를 복리 개념으로 나타내는 지표다. 단순한 연평균성장률(각 연도별 성장률의 산술 평균)보다 실제 증가율을 더 정확하게 반영하기 때문에, 변화율을 확인하는 데 유용하다.

먼저 원화와 미국 달러의 화폐 증가율을 살펴보겠다. 2000년 1월부터 2024년 1월까지 한국의 원화 통화량은 매년 약 7.6%[7], 미국의 달러 통화량은 매년 약 6.4%[8] 정도씩 증가하였다.◆

같은 기간, 각국의 주요 자산 가격의 변화를 살펴보자. 한국과 미국의 주요 자산에 대한 인식은 부동산과 주식으로 차이가 있다. 따라서 한국은 그 대표인 서울 아파트로, 미국은 핵심 500개 기업의 주가를 기반으로 산출되는 S&P500을 각각 주요 자산으로 선택하였다.

◆ 광의 통화량(M2)를 기준으로 계산하였다.

한국의 서울 아파트 가격은 매년 5.7%[9]가 상승하였다. 그리고 미국의 S&P 500 지수는 배당을 포함하여 계산했을 때 7.34%[10], 순수 지수만으로 계산했을 때 5.33%[11] 상승하였다.◆ 반면 같은 기간 소비자물가상승률은 한국의 경우 2.5%[12], 미국은 2.58%[13] 증가하였다.◆◆

한국의 경우 주요 자산이자 모두가 소유하기를 욕망하는 서울 부동산조차도 통화량 증가 대비 훨씬 못 미치는 가격 상승을 보이고 있다. 이 사실은 우리에게 큰 시사점을 준다. 연평균복합성장률에서 원화 통화량과 서울 부동산 사이의 1.9% 차이는 매우 큰 격차이다. 다만 부동산 구입 시 소요되는 비용 중 많은 부분은 대출을 통해 조달되는데, 이를 통해 통화량 대비 부족한 자산 상승률의 대부분이 만회되는 효과를 보이기는 한다.

이처럼 통화량의 증가 대비 소비자물가의 상승보다 자산 상승이 크게 진행되는 데에는, 돈이 흘러가는 경로가 큰 영향을 미친다.

이전 파트에서 살펴본 통화 발행의 경로를 다시 생각해 보겠다. 중앙은행에서 명목화폐가 발행되어 시중은행으로 흘러가고, 시중은행에서는 개인이나 법인에게 대출을 통해 화폐를 전달한다. 이때 화폐

◆ 참고로 같은 기간에 코스피 지수는 4.03%, 뉴욕의 집 값은 4.76% 상승하였다.
◆◆ 소비자물가와 관련하여, 정부에서 이를 계산하는 방법을 임의로 조절하여 소비자물가가 덜 오르는 것처럼 보이게 한다는 비판이 존재하기도 한다.

승수 효과가 생겨, 시중은행에서 화폐 유통량을 크게 증가시킨다 언급하였었다.

다만 중요한 사실은 시중은행으로부터 대출받을 수 있는 돈의 양은, 재산과 신용에 따라 결정된다는 점이다. 즉, 재산이 많고 신용이 높은 사람에게 많은 대출이 행해진다. 특히 개인보다 국가나 금융 기관, 대기업이 더 많은 금액과 낮은 금리로 대출을 받기 유리한 구조이다. 이때 대출된 대부분의 돈은 생활 필수품 같은 소비재를 사기 위해 사용되지 않는다. 이 대출금은 주로 부동산이나 주식 같은 자산을 구매하는 데에 사용된다. 이로 인해 통화 공급이 증가해도 소비자물가보다 자산 물가가 먼저, 그리고 더 가파르게 오르는 현상이 발생한다. 2021년 코로나 팬데믹 시기에 통화가 대거 풀리면서 부동산과 주식 가격이 크게 상승한 것이 좋은 예다. 물론 이후 소비자물가도 상승했으나, 자산 가격이 더 큰 폭으로, 그리고 상품 물가보다 먼저 상승하였다. 이러한 현상을 칸티용 효과Cantillon Effect라고도 부른다.

방금 설명한 돈의 흐름은 몇 가지 결과를 만들어낸다. 첫째, 돈이 풀리면서 기존에 돈을 가지고 있던 사람들의 돈 가치는 줄어든다. 새로 발행된 돈의 가치는, 기존에 존재하던 돈의 가치가 줄어든 만큼이다. 둘째, 새롭게 발행된 돈은 대출을 통해 특정 일부에게만 전달된다. 이는 모두가 자신이 가진 돈의 가치 중 새 돈이 생겨나면서 잃은 만큼을, 새로 돈을 얻은 사람에게 나누어 주는 것과 같다. 아직 물가 상승의 효과가 나타나기 전이기 때문에, 이렇게 대출을 받은 사람들은 자산을 저렴한 가격으로 매입한다. 이후 거래가 늘어가고 돈이 돌면서 점점 자산 가격이 상승한다. 발행된 돈 중 일부는 원자재나 임금 등을 상승시키는 데 영향을 주고, 이로 인해 소비자 물가도 뒤늦게 상승한다. 다만 상승폭이 화폐 공급량보다는 적을 뿐이다. 기존의 돈을 저축의 수단으로 사용했던 사람들은 시간이 지나면서 돈의 가치 하락을 체감하게 된다. 먼저 돈을 얻어 자산을 보유한 사람들은 부를 쌓게 되지만, 이외의 사람들은 자신도 모르는 사이에 자신이 소유하고 있는 돈의 가치를 희석당한다.◆

이러한 돈의 흐름에서 대부분은 큰 문제를 느끼지 못한다. 일부 문제점을 느끼는 사람들은, 인플레이션을 방어하기 위한 수단으로 자산을 취득할 뿐, 화폐 자체의 권위에 도전하기는 어렵다. 화폐를 법적으로 독점적으로 발행하고 유통되도록 강제하는 국가의 체계에서, 각 개인은 그 국가의 화폐를 사용할 수밖에 없기 때문이다.

◆ 다음 도서에서는 돈이 분배되고 빈부격차가 심화되는 과정이 매우 심도 있게 다루어진다.
 - 필립 바구스, 안드레아스 마르크바르트. 배진아 역(2025). 「왜 그들만 부자가 되는가」. 북모먼트 출판사.

각 나라 국민들은 어떤 국적을 가지고 있느냐에 따라 사정이 나뉜다. 미국의 통화 정책에 궤를 맞춰 통화 정책을 유지하고, 경제 성장이 비교적 잘 되었던 유럽연합이나 한국 같은 나라의 국민들은 그나마 사정이 양호하다. 이들의 화폐 가치는 통화량 증가만큼 서서히 하락하기 때문에, 일부 개인들은 성실함과 경제 지식을 바탕으로 자산을 축적해, 통화량 증가로 인한 통화 가치 희석에 대비할 수 있기 때문이다. 반면 베네수엘라, 아르헨티나, 짐바브웨 등과 같이 통화를 기하급수적으로 발행하는 국가의 국민들은 대부분의 개인이 미처 대비할 수 없는 수준으로 화폐 가치를 잃게 된다.

기존 법정화폐 시스템 하에서는 이러한 문제를 인식하고 개선하려는 의지가 있어도 근본적인 대안을 찾기 어려웠다. 국가나 민간에서 누군가는 반드시 통화를 발행하고 관리해야 했기 때문이다. 즉 통화의 역사에서 항상 문제가 되었던 발권자인 사람을 통화를 발행하는 권한에서 떼어내는 방법 자체가 없었기 때문이다.

또한 유통되는 화폐의 위조나 변조 등의 사기 행위를 방지하기 위해서는 국가의 강제력을 기반으로 한 통화가 필요했던 것도 일부 사실이다. 따라서 개인이 할 수 있는 일은 가능한 좋은 리더를 선출하고, 그 리더가 올바른 통화 정책을 펼치기를 기대하는 것뿐이었다. 그러나 역사적으로 그 기대는 항상 실패로 돌아갔다. 정도의 차이가 있을지 언정, 모든 화폐의 통화량은 빠른 속도로 증가하며 그 가치는 지속적으로 하락해 왔기 때문이다. 역사적으로 존재했던 대부분의 화폐도, 그리고 현재의 법정화폐도 이 점에서는 예외가 없다.

이처럼 대중에게 수동적이고 무기력하게 느껴졌던 통화 환경은 비트코인의 등장으로 새로운 국면을 맞이하게 되었다. 비트코인은 특정인이나 세력의 권력이 개입할 수 없는 유일한 화폐다. 비트코인에 관련한 자세한 내용을 알아보기 전에, 돈의 기능과 좋은 돈의 조건은 무엇인가에 대해 먼저 살펴보겠다.

돈의 기능과 좋은 돈의 조건

이번 섹션에서는 돈의 기능과 좋은 돈의 조건을 생각해보겠다. 먼저 화폐 이론에서 널리 인정받는 화폐는, 다음 세 가지 기능을 수행한다.

가치 저장의 수단
돈은 시간이 지나도 가치를 보전할 수 있어야 한다. 이러한 기능이 제공될 수 있어야 사람들이 저축을 통해 미래에 소비를 할 수 있는 기반이 마련될 수 있다.

교환의 매개
물건이나 서비스를 거래할 때 사용할 수 있는 매개체 역할을 수행한다. 물물교환처럼 직접 물건을 맞교환할 때의 비효율을 벗어나, 거래를 쉽고 원활하게 만든다.

가치의 척도
물건이나 서비스의 가치를 측정하고 비교하는 기준 역할을 수행한다. 이를 통해 거래가 간단해지고, 경제 활동 전반의 효율을 높인다.

법정화폐는 교환의 매개나 가치의 척도 기능은 충실히 수행하고 있다. 그러나 이전 섹션에서 언급한 대로 가치 저장 수단으로서의 기능은 현저히 떨어진다. 이는 사람들이 저축보다 투기성 투자를 하게 만든다. 더욱이 쉽게 발행된 화폐는 사회의 다양한 문제를 야기한다.

예를 들어 화폐의 가치가 지속적으로 하락하기 때문에 사람들은 장기적인 저축보다는 단기적인 소비와 투기를 선호하게 된다. 또 빚을 내어 소비하는 문화가 커지고 있는데, 이는 지속 가능한 경제 구조를 해치게 된다. 정부는 돈을 쉽게 찍어낼 수 있기 때문에, 걷는 세금보다 큰 비용이 지출되는 정책을 시행할 수 있다. 또 정부의 보조금에 의존해 단기적이고 정치적인 영향력이 큰 연구가 수행되고, 사람들이 정직하게 일해서 부를 축적하기보다 투기나 정부 보조금에 의존하는 경향이 강해지는 등 수많은 문제가 발생하게 된다. 이러한 문제점에 대해 깊이 알고 싶으면 사이페딘 아모스의 "더 피아트 스탠다드 The Fiat Standard"[14]를 참고하길 바란다.

다음으로, 화폐 이론에서 널리 인정받는 좋은 화폐의 조건을 살펴보겠다. 이해를 돕기 위해 가장 오랜 역사를 가진 상품화폐인 금과 금교환 지폐, 법정화폐를 예로 들어 설명하였다.

희소성
돈은 희소해야 가치를 갖는다. 시장에서 다양한 화폐가 결국 금으로 통일된 이유 중 큰 부분은 희소성에서 찾을 수 있다.

내구성
돈은 시간이 지나도 훼손되지 않고 오랜 기간 보관할 수 있는 내구성이 필요하다. 소금이나 담배보다 지폐가, 그리고 지폐보다 금이 더 높은 내구성을 가진다.

대체 가능성
동일한 단위의 돈은 서로 구별되지 않으며 동일한 가치를 가져야 한다. 이는 거래를 효율적으로 만들어준다. 소금이나 담배는 같은 무게나 수량이라도 품질에 차이가 있을 수 있어 대체 가능성이 낮다. 금은 대체 가능성이 비교적 높은 편이지만, 거래자들이 순도를 완벽히 확인하기 어렵다는 한계가 있다. 반면, 법정화폐는 훼손된 돈이든 새 돈이든 거래 시 동일한 가치를 가지므로 대체 가능성이 높은 화폐로 평가된다.

이동성
돈은 쉽게 가지고 다닐 수 있어야 한다. 이동성은 세상의 발전 정도에 따라 상대적인 개념이다. 무역이 활발해지기 전에는 실물 금이, 무역이 활발해진 후에는 금 교환 지폐가 대세가 된 이유가 여기에서 기인한다. 디지털화된 현대의 세상에서는 금과 지폐의 이동성에 제약이 있어, 법정화폐의 통화량 중 대부분은 디지털로 발행되고 있다.

분할성
돈은 작은 단위로 나눌 수 있어야 한다. 동전 이하로 쪼개기 어려운 금은 가치가 높아 작은 단위의 거래에서는 은화가 함께 쓰였다. 금 교환 지폐가 등장하면서 분할이 용이해져, 은화의 화폐 기능이 감소했다. 대부분의 법정화폐는 매우 작은 단위로도 쪼갤 수 있다.

검증 가능성
돈의 진위 여부를 쉽게 파악할 수 있어야 한다. 금은 다른 화폐 대비 진위 여부를 쉽게 인식할 수 있다. 법정화폐 중 지폐는 비교적 위조가 쉬운 편이지만, 국가의 강력한 처벌로 인해 위조가 빈번하지는 않다. 디지털 법정화폐는 국가의 강력한 규제로 위변조가 거의 불가능하다.

역사성
돈은 오랜 신뢰와 관습이 쌓여야 한다. 금은 역사적으로 가장 오랜 기간 사용된 화폐이기에 그 자체로 신뢰를 얻었다.

금은 다른 모든 자원에 비해, 위에서 언급한 화폐의 기능 및 좋은 화폐의 조건을 압도적으로 만족시킬 수 있었다. 따라서 역사적으로 가장 긴 기간 동안 시장에서 널리 화폐로서 사용되었다. 다만 시대가 발전하면서 실물 금의 이동성은 큰 제약을 받게 되었고, 이로 인해 금 교환 지폐가 등장했다. 이는 결국 금을 보관해주는 기관에 대한 신뢰를 화폐에 추가하게 하였다. 금 교환 지폐의 등장은 화폐를 발행하는 기관이 예외 없이, 보유한 실물 금보다 많은 화폐를 발행하는 결과를 야기하였고, 이로 인해 희소성이 손상되는 결과를 낳았다. 이는 화폐 발행 기관이 존재할 때의 위험성을 보여주는 중요한 사례다.

법정화폐의 경우, 희소성과 역사성을 제외한 나머지 조건들은 대부분 만족시킨다. 특히 인식 용이성은 국가의 법령과 공권력을 통해 강제하여 비교적 잘 유지되어 왔다. 하지만 화폐의 기능 중 '가치 저장 수단'의 역할을 하게 하는 희소성을 충족하지 못하는 데에서 근본적인 한계를 지닌다.

―――
즉, 돈은 분산된 기억이자,
신뢰할 수 있는 거래 기록 시스템이라고 할 수 있다.

PART 4

비트코인은 어떻게 작동하는가

Bitcoin

인류를 구원할 수 있는 유일한 것은 협력이다.

"The only thing that will redeem mankind is cooperation."

- 버트런드 러셀(Bertrand Russell)

비트코인이라는 단어는 중의적 의미를 가진다. 첫째, 디지털 화폐로서의 비트코인을 의미할 수 있고, 둘째, 화폐인 비트코인을 전송하고 저장할 때 사용하는 인터넷 기반의 비트코인 네트워크를 의미할 수도 있다. 일반적으로 명확한 구별이 필요할 때 전자는 BTC, 후자는 비트코인 네트워크라고 칭하며, 이 책에서도 이러한 표기법을 따를 것이다. 그러나 의미상 혼동이 없거나 두 가지를 동시에 지칭할 때에는 비트코인이라는 단어를 사용할 것이다.

비트코인을 제대로 이해하기 위해서는 지금까지 존재했던 모든 화폐에서 얻은 중요한 교훈을 먼저 떠올려야 한다. 그것은 바로 '인간이 개입하면 화폐는 타락한다'는 점이다. 좋은 화폐가 되기 위해서는 어떤 주체도 화폐의 작동에 개입할 수 없어야 한다. 이는 화폐의 가치중립성이 얼마나 중요한지를 보여준다.

한 가지 상상을 해보자. 어떤 새로운 화폐가 등장했다. 이 화폐는 좋은 화폐가 갖추어야 할 조건인 희소성, 내구성, 대체 가능성, 이동성, 분할성, 검증 가능성 측면에서 과거의 어떤 화폐보다 뛰어나다. 다만, 새로운 화폐이기에 역사성을 갖추는 데는 시간이 필요할 것이다. 이뿐만 아니라, 투명성, 검열 저항성, 무기명성, 가치 중립성, 결제의 완결성이라는 화폐의 특징도 가지고 있다.♦

이 화폐는 공학적으로 설계되어 있어 위의 특징들이 숫자와 논리로 설명되며, 사람들은 이를 직접 이해하고 검증할 수 있다. 예를 들어, 이 화폐의 발행 일정과 총 발행량이 숫자로 명확하게 제시되며, 이를 통해 희소성을 정량적으로 이해할 수 있다. 또한, 화폐가 얼마나 세밀하게 분할될 수 있는지 정확히 알 수 있으며, 지불 여부를 확인할 때도 정해진 논리적 과정을 따르면 누구나 쉽게 검증할 수 있다. 이는 타인에 대한 신뢰 없이 스스로 검증할 수 있는 화폐 시스템을 의미한다.

이 화폐는 위에서 언급한 모든 특징을 유지하기 위해 불변성을 갖추고 있다. 불변성이란 앞서 언급한 특성이 변하지 않음을 뜻한다. 이를 실현하기 위해 이 화폐는 '탈중앙화Decentralized' 네트워크를 구축한다. 탈중앙화 네트워크는 운영 주체들이 전 세계에 분산되고 익명화된 상태에서 작동함으로써 누구도 네트워크를 임의로 제어할 수 없도록 설계되어 있다.

♦ 각 특징에 대해서는 이후 자세히 설명된다.

이런 화폐가 실제로 존재한다면 믿을 수 있겠는가? 이 모든 특징을 갖춘 화폐가 바로 비트코인이다. 비트코인을 이해한 많은 사람이 이 화폐의 창시자인 사토시 나카모토를 인류 역사상 손꼽히는 천재라고 평가하는 이유도 여기에 있다.

이번 파트에서는 비트코인의 전체적인 동작 원리를 설명하겠다. 이를 위해 비트코인 네트워크를 구성하는 노드, 채굴자, 비트코인 사용자의 역할과 이들이 어떻게 유기적으로 동작하는지 살펴볼 것이다. 이 파트의 내용은 비트코인을 이해하는 데 있어 가장 어려운 부분일 것이다. 부디 인내심을 가지고 주의 깊게 읽어 주시기를 당부드린다. 모두 다 읽고 나면 비트코인에 대한 이해가 한층 깊어질 것이라 확신한다.

비트코인 네트워크

이번 섹션에서는 비트코인 네트워크에 대해 설명할 것이다. 이를 쉽게 이해하기 위해 매우 단순화된 설명으로 시작한 뒤, 이후 섹션에서 점차 구체적으로 설명하는 방식을 택할 것이다.

먼저, 인터넷을 통해 상호 연결된 두 대의 컴퓨터를 상상해보자. 이 컴퓨터 중 하나는 노드$_{Node}$, 다른 하나는 채굴자$_{Miner}$라 불린다. 이 두 컴퓨터는 정해진 규칙을 따르며 동작하는데, 이 규칙을 비트코인 프로토콜Protocol(약속)이라 부른다. 노드와 채굴자는 물리적인 컴퓨터이며, 비트코인 프로토콜은 추상적인 약속이다. 이 세 가지가 결합된 시스템을 비트코인 네트워크라고 부른다.

비트코인 네트워크의 역할은 비트코인을 결제에 사용하고자 하는 사람들에게 BTC의 전송 및 수신 기능을 제공하는 것, 즉 화폐가 사용될 수 있는 인프라Infra(기반 환경)를 구축하는 것이다. 이를 위해 비트코인 네트워크는 모두가 열람할 수 있는 공개 장부를 도입하였다.◆ 즉, 과거부터 모든 전송자와 수신자 간의 거래(결제) 내역을 네트워크의 장부에 기록하여, 특정 비트코인 주소가 얼마를 보유하고 있는지를 누구나 확인할 수 있도록 한다. 다소 차이가 있지만 비트코인 주소는 시중은행의 계좌번호를 떠올리면 이해하기 쉬울 것이다.

비트코인 사용자는 BTC를 주고받는 당사자들로, 전송자와 수신자를 통칭하는 개념이다. 이해를 돕기 위해 비트코인 네트워크를 KB국민은행, 하나은행, 우리은행 같은 인터넷 기반 은행 서비스 제공자로, 비트코인 사용자를 은행 서비스를 이용하는 고객으로 비유하면 쉽게 이해할 수 있다.◆◆

◆ 3장에서 설명했던 "Money Is Memory"의 장부를 떠올려 보기를 바란다.
◆◆ 다만 중앙화된 시중은행과 탈중앙화된 비트코인 네트워크의 내부 작동 방식은 매우 다르다.

비트코인 프로토콜은 노드와 채굴자뿐만 아니라 사용자들까지도 따라야 하는 규칙이다. 비트코인 네트워크와 사용자 간의 관계는 아래 그림에서 시각적으로 나타내었다.

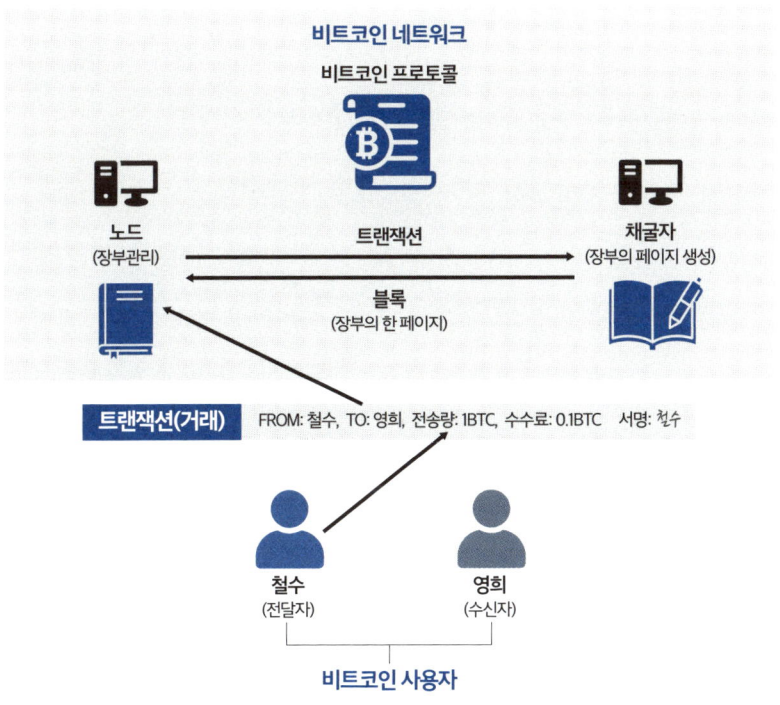

이제 이어지는 섹션에서는 비트코인 사용자 및 네트워크를 구성하는 두 주체 — 노드와 채굴자 —에 대해 자세히 살펴보겠다.

또한, 이 책에서는 비트코인을 주고받는 행위를 문맥에 따라 '거래' 혹은 '결제'로 지칭할 것이다.

비트코인 사용자와 트랜잭션

비트코인의 사용자는 BTC를 주고받는 전달자와 수신자를 통칭하는 말로, 비트코인 네트워크를 통해 자유롭게 거래하는 주체를 뜻한다. 한 사용자는 특정 거래에서는 BTC의 전달자가 되었다가, 다른 거래에서는 수신자가 될 수 있다. 심지어 자신이 자신에게 보내는 거래에서는 전달자와 수신자의 역할을 동시에 맡기도 한다.

앞서 BTC의 전달과 수신 여부는 누구나 확인할 수 있는 공개된 비트코인 네트워크의 장부에 기록된다고 언급했다. 따라서 거래는 전달자가 소유한 BTC를 수신자의 소유로 이전한다고 장부에 기록하는 방식으로 이루어진다. 바로 이전에 등장했던 그림을 통해 이를 구체적으로 살펴보겠다.

그림에서는 전달자인 철수와 수신자인 영희가 있다. 철수는 자신이 소유한 1BTC를 영희에게 전달하려고 한다.* 그는 BTC 전송량, 수수료**, 서명을 포함한 '트랜잭션Transaction'을 생성한 뒤 이를 비트코인 네트워크로 전송한다. 여기서 서명은 철수만 알고 있는 비밀번호와 유사한 '개인키'를 통해 생성되며, 영희를 포함한 누구나 이 서명이 철수의 것임을 쉽게 확인할 수 있다.***

비트코인 네트워크는 이 트랜잭션을 수신한 뒤 전달자, 수신자, 잔고, 서명 등의 정보가 정상인지 검증한다. 검증이 완료되면 이 트랜잭션이 장부에 등록되어, BTC의 소유권이 철수에서 영희로 갱신된다. 영희는 공개된 비트코인 네트워크의 장부를 확인함으로써 자신이 BTC를 받았는지 검증할 수 있다. 트랜잭션의 형식은 비트코인 프로토콜에 정의된 규칙을 따라야 한다. 이를 어길 경우 해당 트랜잭션은 유효하지 않은 것으로 간주되어 네트워크에서 거절된다.

이 예시를 통해 철수는 언제, 어디서든 인터넷만 연결되면 트랜잭션을 생성하여 비트코인 네트워크에 요청하고 BTC의 소유권을 이전할 수 있음을 알 수 있다. 수신자의 위치 또한 중요하지 않다. 비트코인 네트워크는 24시간 언제나 작동하며, 은행의 점검 시간이나 서버 장애와 같은 변수가 없다. 이러한 특성으로 인해 '비트코인은 시간과 국경에 구애받지 않는 돈'으로 불린다.

더 나아가 비트코인은 한 번 송금 시 최대 전송 가능한 양[****], 계좌

- [♦] 철수는 1BTC를 전달하는 대가로 영희로부터 어떤 자원이나 서비스를 제공받는 거래를 하고 있을 것이다.
- [♦♦] 실제 비트코인 트랜잭션에서는 수수료가 별도로 기입되지 않고, 입력 값(보유액)에서 출력 값(송금액)을 뺀 차액이 수수료로 처리된다.
- [♦♦♦] 서명의 기술적 원리가 궁금하면 공개키 암호화, RSA, 타원곡선 암호화에 대해 알아보기를 바란다. 다만 이해를 위한 공학적 난이도가 높아 이 책에서 자세히 다루지는 않는다.
- [♦♦♦♦] 매우 적은 양의 BTC 전송을 반복하여 네트워크에 부담을 주는 더스트 공격(Dust Attack)을 막기 위해, 최소 전송 가능 양은 0.00000546 BTC 이상으로 정해져 있다. 이렇게 보낼 수 있는 최소량을 더스트 리밋(Dust Limit)이라 부른다.

동결 등의 제약도 없다. BTC는 비트코인 네트워크, 즉 인터넷상에 존재하기 때문에, BTC 소유자는 인터넷이 연결된 기기와 본인만 알고 있는 개인키만 있으면 언제든, 어디서든 자신의 BTC를 사용할 수 있다. 그리고 BTC를 전달받는 누구나 자신이 직접 공개된 장부를 기반으로 BTC의 수신 여부를 확인할 수 있다.

이처럼 주고받는 주체, 사용 목적, 거래 규모 등에 대해 어떠한 판단이나 제약 없이 누구나 자유롭게 사용할 수 있는 돈의 특성을 '가치 중립성'이라 한다. 그리고 모두에게 공개된 장부를 기반으로 동작하는 특성을 '투명성'이라 부른다.

이제 비트코인 주소에 대해 설명하겠다. 실제 트랜잭션에서 전달자와 수신자는 '철수'나 '영희' 같은 이름을 사용하지 않는다. 대신 각 사용자별로 고유하고 랜덤Random한 영문과 숫자로 조합된 비트코인 주소를 사용한다.* 이 주소는 사용자만 알고 있는 본인의 비밀번호**를 통해 생성할 수 있으며, 누구도 이 주소만 보고 사용자의 신원을 추측할 수 없다. 이러한 비트코인 주소의 특징은 비트코인을 '무기명 화폐'로 만드는 데 중요한 역할을 한다.

- ◆ 비트코인 주소는 bc1qxc2s4wqk2dvyfekvf5x7rws7weaah2mh3pu75z과 같은 형식이다.
- ◆◆ 정확하게는 니모닉(Mnemonic)으로부터 생성된다. 자세한 내용은 이후 설명될 것이다.

다만, 거래를 위해 수신자인 영희는 자신의 비트코인 주소를 전달자인 철수에게 알려줘야만 BTC를 받을 수 있다. 거래가 완료되면 이 트랜잭션은 비트코인 네트워크의 장부에 기록된다. 이후 영희가 이 트랜잭션을 확인하면, 철수의 비트코인 주소도 알 수 있다. 즉, 거래의 두 주체는 원할 경우 서로의 비트코인 주소를 알 수 있다.

그러나 이것은 단순히 서로의 비트코인 주소를 아는 것일 뿐, 이름이나 신원을 알게 됨을 의미하지는 않는다. 예를 들어 식당에서 식사 후 비트코인으로 결제한다고 가정해보자. 손님과 식당 주인은 서로의 비트코인 주소를 알게 되지만, 이름이나 신분은 알지 못한다. 다만, 손님은 식사 후 자신이 비트코인을 전송한 상대가 식당 주인일 것이라고 추정할 수 있을 뿐이다. 그러나 식당 주인의 소유가 아닌 가족이나 지인의 주소를 사용할 가능성도 있기 때문에 100% 확실하지는 않다.

따라서 비트코인 장부에 기록된 트랜잭션의 주소만으로는 소유자를 특정할 수 없다. 그러나 필요한 경우 특정 주소와 사람을 시작으로 BTC의 이동을 추적하여, BTC의 흐름이나 소유자를 파악하려는 시도가 가능할 수 있다. 따라서 비트코인의 소유는 완전한 익명성을 가지지 않으며, 이를 '부분 익명성 Partial Anonymity'이라고 표현한다.

요약하면 비트코인은 시간과 장소, 사용처, 전송량에 구애받지 않는 가치 중립적인 돈이다. 인터넷만 연결되어 있으면 언제, 어디서든 이를 사용할 수 있다. 사용자는 이름 대신 본인과 거래 당사자만 알 수 있는 고유한 비트코인 주소를 통해 거래를 진행하며, 이로 인해 비트코인은 '무기명 화폐'의 특성을 갖는다. 또, 비트코인은 누구나 접근 가능한 공개된 장부를 사용하기 때문에 '투명성'을 갖으며, 완전한 익명성을 보장하지 않는다. 비트코인의 익명성은 제한적이며, 이를 '부분 익명성'이라고 부른다.

부분 익명성과 비트코인

마약 거래에서 BTC가 사용되는 사례를 통해 비트코인의 부분 익명성에 대해 살펴보겠다.

마약 구매자는 익명이 보장되는 메신저를 통해 마약 판매상과 소통하며 결제 정보를 받았다. 마약 판매상은 사전에 특정 장소에 마약을 보관한 뒤, 구매자가 BTC 결제를 완료하면 해당 위치를 알려주는 방식으로 거래를 진행했다. 이 과정에서 두 사람은 서로의 신원을 알지 못했지만, 비트코인 장부에는 구매자의 비트코인 주소 A에서 판매상의 비트코인 주소 B로 BTC가 전송된 기록이 남았다. 이후 마약 구매자가 경찰에 검거되었고, 경찰은 비트코인 주소 B의 소유자를 마약 판매자로 추정하여 추적을 시작했다. 그러나 비트코인 장부만으로는 주소 B의 주인이 누구인지 특정할 수 없었다.

한편, 마약 판매상은 비트코인 결제가 가능한 식당에서 BTC를 사용했다. 그는 비트코인 주소 B에서 식당 주인의 주소 C로 BTC를 전송한 후 떠났다. 경찰은 비트코인 장부를 통해 용의자의 주소 B에서 주소 C로 BTC가 이동한 사실을 확인했지만, 주소 C의 주인이 누구인지는 알 수 없었다. 이후 식당 주인이 BTC를 원화로 환전하기 위해 주소 C의 BTC를 거래소로 이체했고, 경찰은 협력 관계에 있는 거래소를 통해 해당 거래소에 BTC가 입금된 사실을 확인한 뒤 계정 정보를 조회했다. 이어 식당 주인의 진술, CCTV, 휴대폰 기지국 정보 등을 종합하여 결국 비트코인 주소 B의 사용자인 마약 판매상을 특정하고 검거했다. 이처럼 비트코인은 완전한 익명성을 제공하지 않으며, 추적이 가능한 '부분 익명성'을 갖는다.

일각에서는 비트코인이 범죄에 사용된다는 이유로 '범죄자의 돈'이라 주장하지만, 이는 현실을 제대로 반영하지 못한 주장이다. 만약 마약 판매상이 비트코인 대신 현금을 사용했다면, 경찰이 추적할 수 있는 공개 데이터가 전혀 남지 않는다. 즉, 비트코인을 사용한 범죄자는 현금을 사용한 범죄자보다 훨씬 추적하기 쉽고, 실제 마약 거래에서 미국 달러의 사용 비중이 압도적으로 높은 점이 이를 증명한다. 그렇다면 현금을 '범죄자의 돈'이라고 불러야 할까? 이는 지나친 비약일 것이다. 비트코인이 현금보다 추적이 용이하다는 사실을 고려하면, 비트코인을 '범죄자의 돈'으로 낙인 찍는 주장은 설득력이 부족하다.

노드와 채굴자: 간략한 소개

이번 섹션에서는 노드와 채굴자에 대해 간략히 소개한다. 이 두 주체는 각기 다른 컴퓨터로, 인터넷을 통해 상호 연결되어 작동하는데, 이를 살펴보며 각각의 개략적인 역할을 설명하겠다.

노드는 비트코인 네트워크의 장부를 소유하고 검증하며, 장부의 신뢰성과 무결성을 유지하는 역할을 한다. 이 책에서 무결성이라는 단어는 데이터가 변조되거나 손상되지 않았음을 의미한다. 노드는 장부를 직접 생성하지 않으며, 검증과 소유만 담당한다.

채굴자는 장부의 한 페이지와 같은 역할을 하는 '블록'을 구성하고 생성하는 역할을 맡는다. 블록은 책의 페이지 번호와 유사하게 0부터 시작하여 1씩 증가하는 값을 갖는다. 블록을 성공적으로 생성하면 새로운 BTC가 발행되며, 이는 채굴자가 보상으로 받는다. 채굴자의 핵심 역할은 블록 생성과 새로운 BTC의 생산이며, 이러한 특징 때문에 '채굴자'라는 이름이 붙었다.

채굴자는 트랜잭션이 발생하면 이를 수신해 장부의 한 페이지인 블록에 기록한다. 줄이 있는 공책의 한 페이지에 트랜잭션을 한 줄씩 적는 모습을 상상하면 이해하기 쉽다. 채굴자는 약 10분에 한 블록씩 생성하며, 이 시간 규칙은 비트코인 프로토콜에 명시되어 있다. 이렇게 생성된 블록은 노드에게 전달된다. 아래 그림은 노드가 소유하는 장부와 채굴자가 생성하는 블록의 관계를 나타낸다.

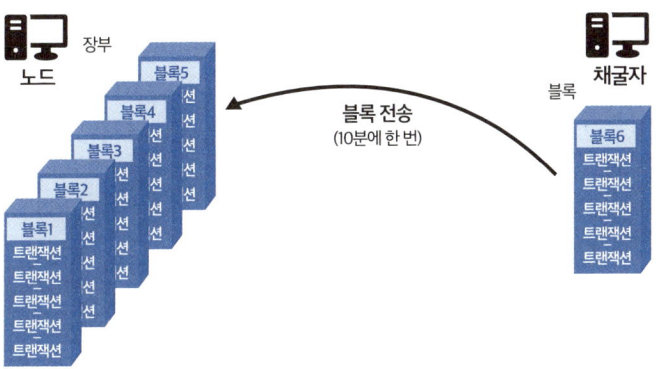

노드는 채굴자로부터 전달받은 블록을 검토한다. 예를 들어, 기존 장부와 비교하여 잔액이 맞지 않는 거래가 있는지, 새로 받은 블록의 번호가 장부에 있는 마지막 블록 번호의 다음 번호인지 등을 확인하며 블록의 무결성◆을 검사한다. 검사에 통과한 블록은 장부의 마지막에 추가된다. 반대로 무결성 검사에서 문제가 발견되면 해당 블록은 폐기된다. 예를 들어, 위의 그림에서 블록6이 아닌 블록7이 채굴되면 블록 순서가 맞지 않으므로 무결성 검사에서 실패한다. 폐기된 블록에 포함된 트랜잭션은 다음 블록 생성 시 다시 포함될 기회를 기다린다.

◆ 앞서 무결성에 대해서 정의한 대로, 블록의 데이터가 변조되거나 훼손되지 않았음을 의미한다.

만약 처리 대기 중인 트랜잭션이 한 블록에 담을 수 있는 용량을 초과하면 나머지 트랜잭션은 이후 블록에 포함되기를 기다려야 한다. 빠른 처리를 원한다면 트랜잭션 수수료를 높여 우선순위를 높이는 방법도 있다. 수수료를 얼마로 책정할지는 정해져 있지 않으며, 거래를 생성하는 당사자가 원하는 대로 설정할 수 있다. 다만, 다른 트랜잭션의 수수료는 실시간으로 확인할 수 있기 때문에*, 수수료 설정에 따른 예상 처리 시간을 고려하여 적절히 선택하는 것이 중요하다.

이번 섹션에서는 비트코인 네트워크의 두 주체인 노드와 채굴자가 역할을 분담하여 장부를 관리하고 블록을 생성하는 과정을 간략히 살펴보았다. 이를 통해 비트코인의 장부는 개별 트랜잭션이 하나씩 추가되는 것이 아니라, 여러 트랜잭션이 담긴 블록 단위로 추가된다는 것을 확인할 수 있었다. 이어지는 섹션에서 각자의 역할을 보다 자세히 다루도록 하겠다.

노드

노드Node는 장부를 소유하는 컴퓨터이다. 만약 비트코인 네트워크에서 단 하나의 노드만 동작한다고 가정해 보자. 그 노드가 천재지변으로 인한 문제—고장, 정전, 인터넷 끊김 등—로 인해 멈추게 되면, 비트코인 네트워크의 장부 역시 중단될 것이다. 추가적으로, 사람의 의도가 개입된 위험도 존재한다. 누군가 악의적으로 이 노드를 공격한다면 어떻게 될까? 예를 들어, 물리적인 제재를 가해서 컴퓨터를 파괴하거나 인터넷을 활용해 접속을 차단하는 분산 서비스 거부 공격 Distributed Denial of Service, DDoS을 시도할 수 있다.

이러한 위험을 해결하기 위해 비트코인 네트워크는 다수의 노드가 동일한 동작을 하는 분산 네트워크 구조를 채택했다. '탈중앙Decentralized' 화폐라고 불리는 비트코인의 핵심 특징 중 하나가 바로 이 노드의 분산 구조에서 나온다.✦✦

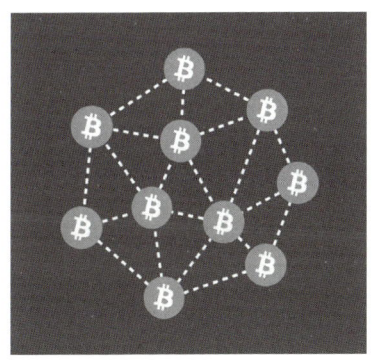

그림1 | 비트코인 네트워크[15]

이제 왼쪽의 단순화된 그림을 통해 노드들이 분산 네트워크를 구성하는 방식을 살펴보자. 그림에서 ₿로 표시된 원이 노드를 나타내며, 점선은 각 노드가 인터넷을 통해 직접 연결되어 있음을 뜻한다. 그림을 보면 각 노드는 최소 3개에서 최대 6개까지 다른 노드와 직접 연결되어 있음을 확인할 수 있다. 각 노드는 사용자로부터 트랜잭션을 수신하거나, 채굴자로부터 블록을 수신하면 이를 자신과 연결된 다른 노드들로 전파한다.

- ✦ 대표적으로 https://mempool.space/에서 확인할 수 있다.
- ✦✦ 탈중앙화의 또 다른 중요한 요소는 채굴자의 분산이다.

실제 비트코인 네트워크에서는 수만 개의 노드가 동작하고 있으며, 하나의 노드는 수 개에서 수백 개의 다른 노드와 연결된다. 따라서 네트워크 내 노드 수가 많아지더라도 트랜잭션이나 블록의 전파는 신속하게 이루어진다.

혼란을 방지하기 위해 부연하자면, 그림에서 연결된 노드들은 물리적으로 가까운 노드들만 연결된 것이 아니다. 그림은 단순화를 위해 각 노드의 연결 관계를 기준으로 배열한 것이며, 실제로는 전 세계에 분산된 노드들이 물리적 거리와 상관없이 복잡하게 얽혀 연결된다.

이제 다음 그림을 통해 실제 노드의 실행 현황을 확인해 보자. 2025년 3월 기준, 전 세계에서 약 2.1만개의 노드가 동작 중이다. 그림 오른쪽에 있는 지도에서 진한 색으로 표현될수록 더 많은 노드가 실행되고 있음을 나타낸다. 각국의 노드 실행 비율을 살펴보면, 미국이 전체 노드의 9.84%, 독일이 5.75%, 프랑스가 2.66%를 차지한다.

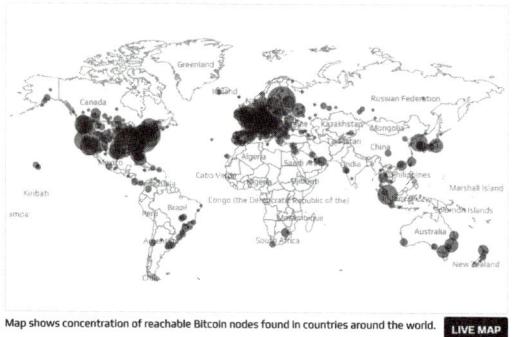

그림2 | 전 세계 노드 분포 지도

주목할 점은 전체 노드의 65.71%가 'n/a' not available(알 수 없음)로 표시되어 어느 국가에서 실행되고 있는지 특정할 수 없다는 것이다. 이는 많은 노드가 토어 The Onion Router, TOR와 같은 익명화 기술을 활용해 인터넷에 접속하고 있기 때문이다. 노드가 토어를 통해 인터넷에 연결되면 그 위치를 특정하는 것은 거의 불가능해진다.

> **토어(The Onion Router, TOR)**
>
> 토어는 사용자의 익명성을 보호하고 인터넷 트래픽을 암호화하는 네트워크 시스템이다. 인터넷 사용자가 특정 웹사이트나 서비스를 이용할 때 IP 주소와 위치를 감추어 추적을 어렵게 만드는 기술을 제공한다. 특히, 출발지에서 목적지까지 데이터를 전달하는 과정에서 여러 번 암호화되며, 각 중간 노드를 거칠 때마다 한 층씩 암호가 해제되는 구조를 가진다. 이 방식이 양파의 껍질을 하나씩 벗기는 것과 유사하여, 어니언(Onion, 양파)이라는 단어를 차용하였다.

전체 노드의 절반 이상이 익명으로 운영된다는 사실은 비트코인의 분산 네트워크가 얼마나 견고한지를 보여준다. 이 네트워크를 동작 불능 상태로 만들기 위해서는 전 세계 모든 국가의 전기나 인터넷을 동시에 차단해야만 한다. 하지만 이는 사실상 지구가 멸망하는 수준의 종말 시나리오가 아니고서는 불가능한 가정이다. 최소한 누가, 어디에서 운영 중인지 알아야 이를 중단시킬 방법을 강구할 수 있을 것 아닌가?

이쯤에서 이런 질문이 떠오를 것이다. "이 노드들은 각기 다른 컴퓨터인데, 도대체 누가 실행시키고 있을까?" 답은 간단하다. 전 세계에서 비트코인의 가치를 인정하는 개개인과 일부 기관이 자율적으로 운영하고 있다. 이들은 노드를 운영함으로써 비트코인 네트워크의 탈중앙화를 강화하고, 그 누구도 네트워크의 가치를 훼손할 수 없도록 만든다.

하지만 이들이 순수하게 이타적인 목적만으로 노드를 운영하는 것은 아니다. 노드를 실행하는 주요 동기 중 하나는 대부분의 노드 운영자가 BTC 소유자라는 점에서 기인한다. 이들은 네트워크의 가치를 유지하는 것이 곧 자신이 소유한 BTC의 가치를 보전하거나 상승시키는 데 기여한다고 믿는다. 더 중요한 이유는 비트코인 장부의 유효성을 직접 확인하고 검증하기 위해서다.

BTC를 소유한 사람이 노드를 운영하지 않는다고 가정해 보자. 그렇다면 그는 다른 노드들이 관리하는 장부를 신뢰해야만 자신의 BTC 잔고나 트랜잭션 상태를 확인할 수 있다. 그런데 만약 악의적인 노드가 잘못된 정보를 제공한다면, 이는 큰 피해로 이어질 수 있다. 반면, 자신의 노드에 접속해 직접 거래 내역과 잔고를 확인하면 이러한 위험에 노출될 일이 없다. 즉, 노드 운영은 타인을 신뢰하지 않고, 스스로 장부를 소유하고 검증함으로써 금융 주권을 확보하는 적극적인 방법이다.

노드를 운영하기 위한 컴퓨터의 사양에 대해 생각해 보자. 만약 노드 운영에 고사양, 고비용, 고전력 컴퓨터가 필요하다면, 전 세계 누구나 쉽게 노드를 운영할 수 없게 된다. 이는 실행 가능한 노드 수를 크게 제한하고, 결국 탈중앙화에 심각한 문제를 초래할 것이다.

비트코인의 철학은 노드의 '미니멀리즘Minimalism'에 있다. 이 철학은 비트코인이 처음 동작을 시작한 2009년부터 지금까지 일관되게 유지되어 왔다.✦ 이는 곧 탈중앙화가 훼손된 비트코인은 존재의 의미를 잃는다는 사실을 정확히 인지한 결과다. 이러한 철학에 따라, 비트코인 노드는 아주 낮은 사양의 저비용, 저전력 컴퓨터에서부터 일반 PC에 이르기까지 누구나 운영할 수 있도록 설계되어 있다.

최소 사양 노드의 핵심은 비트코인 장부의 크기를 가능한 한 작게 유지하는 것이다. 장부가 작으면 이를 저장하는 데 필요한 저장 장치(예: HDD나 SSD)의 용량과, 검증 작업을 수행하는 데 필요한 계산 능력이 크지 않은 컴퓨터에서도 무리 없이 노드를 운영할 수 있다. 아래 그림은 노드를 운영할 수 있는 가장 낮은 사양의 기기들에 대한 예시를 보여준다. 최소 1TB 이상의 SSD는 추가로 구매해야 하지만 (장기적인 관점에서 2TB이상을 추천한다), 컴퓨터 본체는 약 10만

✦ 이는 거저 얻어진 것은 아니다. 블록사이즈 전쟁이라는 이름으로 미니멀리즘을 지키기 위한 매우 큰 위기와 투쟁의 역사가 있었다. 자세한 내용은 조나단 비어. 네딸바 역 (2024). 「비트코인 블록사이즈 전쟁」 논스랩 출판사에 나와 있다.

원 내외의 비용으로 충분하다. 이를 하루 24시간, 한 달 내내 가동했을 때 드는 전기료도 몇백 원 수준에 불과하다.

라즈베리파이5(약 12만원)

오드로이드M1(약 12만원)

그림3 | 2025년 5월 기준 최소 사양 노드의 가격

현재까지 생성된 장부의 크기는 '블록의 크기'와 '생성된 블록의 수'를 곱하면 계산할 수 있다. 블록의 크기는 한 블록에 담을 수 있는 트랜잭션 개수와 직접적으로 연관된다. 비트코인 블록의 크기는 2017년 세그윗 이전에는 1MB이며, 그 이후에는 최대 4MB이다. 블록 생성은 약 10분에 한 번씩 이루어진다.

> **세그윗(Segregated Witness, SegWit)**
>
> 블록 내 트랜잭션 서명 데이터를 분리하여 블록 용량을 더 효율적으로 활용하기 위한 업그레이드로, 2017년 비트코인 네트워크에 적용됐다. 세그윗 적용 이후 비트코인의 블록 크기는 트랜잭션에서 사용된 서명의 수와 형식 등에 따라 가변적으로 바뀌게 되었고, 기존 1MB 제한에서 이론상 최대 4MB까지 늘어날 수 있게 되었다. 다만, 실제 블록 크기는 2025년 기준으로 평균 약 1.5MB~2MB 정도로 유지되고 있다.

비트코인의 탈중앙화가 얼마나 중요한지 제대로 이해하지 못하는 사람들은 더 많은 트랜잭션을 처리하기 위해 블록 크기를 늘리거나, 블록 생성 주기를 10분에서 더 짧게 줄이자고 주장하기도 한다. 하지만 이 두 가지 선택 모두 장부의 크기를 빠르게 증가시킬 뿐만 아니라, 비트코인의 핵심 철학을 심각하게 훼손할 위험이 있다.

비트코인은 이러한 변화를 '못 하는 것'이 아니라 '안 하는 것'이다. 비트코인의 설계는 철저히 탈중앙화를 유지하고, 누구나 노드를 실행할 수 있는 환경을 보장하기 위해 신중히 결정된 것이며, 이를 정확히 이해하는 것이 매우 중요하다. 왜냐하면 비트코인의 문제가 아닌 것을 문제로 정의한 후 개선을 시도한 수많은 알트코인이 개발된 사례가 있기 때문이다. 그러나 이러한 알트코인들은 대개 중앙화, 보안 취약성, 지속 가능성 부족 등의 문제를 안고 있으며, 결국 대부분 실패하거나 사라져 왔거나 사라질 것이다. 따라서 알트코인에 투자하는 것은 매우 위험한 선택이 될 수 있어 각별한 주의가 필요하다.

알트코인
비트코인 이외의 모든 코인을 통칭해서 알트코인(Alternative Coin, 대안적인 코인)이라 부른다.

마지막으로, 노드의 추가적인 역할을 설명하며 섹션을 마무리하겠다. 노드는 장부의 소유 및 검증 이외에도 몇 가지 중요한 작업을 수행한다.

우선, 장부가 없는 신규 노드와 연결되면, 자신이 보유한 장부를 블록 단위로 쪼개 전송하여 신규 노드가 장부를 확보할 수 있도록 돕는다. 이는 네트워크의 확장성*과 안정성을 유지하게 한다.

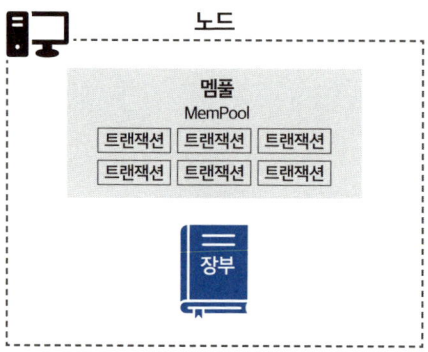

또한, 노드는 비트코인 사용자들의 트랜잭션을 수신하고, 이를 자신과 연결된 인접 노드로 전파한다.

트랜잭션을 수신한 노드는 단순히 이를 전파하는 것에 그치지 않

◆ 네트워크의 규모가 커진다는 의미의 확장성을 뜻한다. 많은 알트코인에서 주장하는 확장성은 결제의 속도나 초당 결제 횟수를 뜻하는데, 이와는 구분되는 의미의 확장성이다.

고, '멤풀Mempool'이라는 공간에 트랜잭션을 보관한다. 앞서 설명했듯, 트랜잭션은 채굴자에 의해 블록에 포함되며, 처리되지 않은 트랜잭션은 멤풀에 보관되어 블록에 포함되기를 기다린다. 특정 트랜잭션이 블록에 포함되면, 해당 트랜잭션은 멤풀에서 삭제된다.

노드별 멤풀의 크기는 보통 수백 MB에서 수 GB 정도로 제한된다. 따라서 네트워크가 혼잡해지면 일부 트랜잭션이 멤풀에서 보관되지 못할 수도 있다. 일반적으로 노드는 수수료가 높은 트랜잭션을 우선적으로 멤풀에 보관한다. 이로 인해 사용자가 만든 트랜잭션이 블록에 포함되기 전에 멤풀에서 삭제될 위험이 존재한다. 여기서 자신의 노드를 운영하는 또 하나의 이유가 생긴다.

자신의 노드를 보유한 사용자는 트랜잭션을 생성하고 전파할 때 이를 자신의 노드로 보내도록 설정할 수 있다. 이후 자신의 노드가 다른 노드들로 해당 트랜잭션을 전파한다. 이렇게 하면 자신이 만든 트랜잭션을 자신의 노드가 다른 노드로 전파할 것을 보장하기 때문이다. 자신의 노드 이외에는 다른 노드가 정상적으로 동작할 것이라 100% 확신할 수 없기 때문에, 자신의 노드를 활용하는 것이 트랜잭션 전파의 신뢰성을 높이는 방법이다.

이번 섹션에서는 노드가 어떻게 분산되고 익명성이 보장된 네트워크를 구성하여 탈중앙화를 달성하는지 설명했다. 특히, 노드는 '미니멀리즘'을 핵심 철학으로 삼아 어떤 종류의 기기에서도 쉽게 동작할 수 있도록 설계되었다. 이를 통해 어떤 주체도 비트코인의 탈중앙화를 훼손하기 어렵다는 점도 확인할 수 있었다.

또한, 노드는 누구나 운영할 수 있으며, 이를 통해 네트워크의 안정성과 신뢰성이 강화될 뿐만 아니라, 사용자가 자신의 장부에 직접 접근하고 트랜잭션을 정확하게 처리할 수 있는 환경을 제공한다. 결국, 노드 운영은 개개인이 금융 주권을 확보하는 적극적인 방법임을 알 수 있었다.

채굴자

채굴자는 노드와 함께 비트코인 네트워크의 핵심 구성원 중 하나다. 이들은 '채굴$_{Mining}$'이라는 작업을 반복 수행하며, 이를 통해 블록을 생성하고 보상을 받는다. 이후 이 보상을 '채굴보상'이라 부르겠다.

앞서 노드와 채굴자의 역할이 서로 배타적이라고 설명했지만, 실제로 채굴자는 노드의 모든 기능을 수행하면서 추가적으로 채굴 작업을 담당하는 컴퓨터라고 보는 것이 더 정확하다. 채굴자가 블록을 생성하려면 먼저 트랜잭션을 수신해야 하고, 이를 검증하기 위해 장부를 조회하여 잔고를 확인해야 한다. 트랜잭션을 수신하고 장부를 유지하는 것은 노드의 핵심 기능이므로, 채굴자는 본질적으로 노드의 역할도 수행할 수 있어야 한다.

이제 채굴 과정에 대해 자세히 살펴보자. 비트코인 프로토콜에는 채굴과 관련된 여러 규칙이 정의되어 있다. 채굴자는 트랜잭션을 모아 블록을 생성하는데, 블록에 가장 위에는 채굴자가 직접 생성한 '코인베이스Coinbase'라는 특수한 트랜잭션♦이 위치한다.

코인베이스에는 채굴자의 비트코인 주소와 채굴보상의 양이 기록된다. 채굴보상은 크게 두 가지로 구성된다. 첫째는 블록을 생성할 때 정해진 양의 BTC가 지급되는 '블록보상', 둘째는 블록에 포함된 트랜잭션들이 지급하는 '트랜잭션 수수료'다. 참고로, 블록보상은 비트코인 네트워크에서 BTC가 새롭게 발행되는 유일한 방법이다. 이처럼 채굴을 통해 새로운 BTC가 공급되기 때문에, '채굴'이라는 용어는 마치 금을 캐는 과정과 유사하다는 점에서 유래했다.

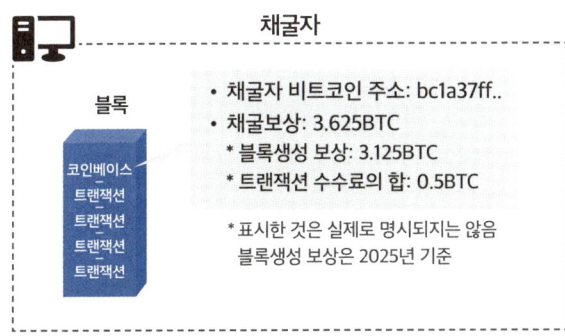

♦ 미국의 유명한 암호화폐 거래소 이름도 이 코인베이스 트랜잭션에서 유래했다.

이제 채굴이 채굴보상을 동반하는 활동임을 알게 되었다. 그렇다면 누가 채굴에 참여할까?

비트코인 네트워크는 철저한 자유시장 원칙을 따르며, 채굴도 예외가 아니다. 비트코인 프로토콜을 준수하기만 하면 어떤 주체든, 어떤 기기를 사용하든 자유롭게 채굴자로 참여할 수 있다. 이는 채굴보상을 동기로 삼아 다양한 채굴자가 경쟁적으로 네트워크에 참여하도록 유도한다. 채굴자는 특정 국가나 지역에 제한되지 않으며, 인터넷만 연결되어 있다면 언제, 어디서든 채굴할 수 있다. 이러한 개방성과 접근성 덕분에 채굴은 자연스럽게 탈중앙화를 이루게 된다.

앞 섹션에서 채굴자는 약 10분에 한 번씩 블록을 생성한다고 설명했다. 여기서 몇 가지 의문이 생길 수 있다.

> 1. 여러 채굴자가 동시에 블록을 생성하려고 시도할 경우,
>   누가 성공해서 채굴보상을 받을까?
> 2. 채굴에 참여하는 사람이 늘거나 줄어들면,
>   어떻게 평균적으로 10분마다 블록이 생성될 수 있을까?

이 두 질문은 주사위 던지기에 비유하면 쉽게 이해할 수 있다.

비트코인 채굴은 해시$_{Hash}$ 연산*을 활용하는데, 이를 규격화된 디지털 주사위를 던지는 과정에 빗댈 수 있다. 비트코인 프로토콜에 따르면, 채굴자들은 트랜잭션을 모아 블록을 생성하는 동시에, 모든 채

굴자가 공정하게 참여할 수 있도록 규격화된 주사위를 던진다. 이 주사위는 우리가 흔히 아는 1부터 6까지의 숫자가 적힌 육면체가 아니라, 1부터 10,000,000까지 숫자가 적힌 천만면체라고 생각하면 된다.♦♦

비트코인의 채굴 규칙은 단순하다. 주사위를 던져 1,000 이하의 숫자를 가장 먼저 내는 사람이 블록을 등록하고 채굴보상을 받는다. 한 번 주사위를 던졌을 때 1,000 이하의 숫자가 나올 확률은 0.01%(=1,000/10,000,000)이며, 따라서 평균적으로 주사위를 10,000번 던지면 1,000 이하의 숫자가 나올 것이라 기대할 수 있다. 하지만 이는 평균값일 뿐이다. 운이 좋다면 한 번 만에 성공할 수도 있고, 운이 나쁘다면 100,000번을 던져야 성공할 수도 있다. 운이 더 나쁘다면 더 긴 시간이 걸릴 수도 있다.

이처럼 채굴은 확률적인 과정이기 때문에 각 블록의 채굴 시간에는 편차가 존재하지만, 전체적으로 보면 평균 채굴 시간이 특정 값에 수

♦ 해시는 어떤 데이터를 고정된 길이의 값으로 변환하는 연산을 의미한다. 주로 컴퓨터 보안, 데이터 무결성 검증(데이터에 이상이 있는지 확인) 등의 용도로 활용되며, 비트코인의 채굴 과정에서는 연산을 많이 수행했음을 증명하는 역할을 한다. 보다 깊이 있는 기술적 내용은 다소 복잡하므로, 관심 있는 분들은 해시에 대해 직접 학습해보는 것을 추천한다.

♦♦ 실제 채굴과정에서 사용되는 해시인 SHA-256 연산을 주사위에 빗대면, 훨씬 더 많은 10^{77} 면체 정도로 보는 것이 타당하다.

렴하게 된다. 이렇게 수렴된 비트코인의 평균 채굴 시간은 약 10분이며, 이는 비트코인 프로토콜이 의도적으로 설계한 결과다.

여기서 한 신문 기사의 문구를 인용해 보겠다.[17] "비트코인 네트워크의 블록 생성이 11월 7일 1시간 동안 정지됐다. 시가총액 1위 가상자산인 BTC(비트코인)의 기반 네트워크의 블록 생성이 멈춘 것이라 그 이유와 배경에 관심이 쏠리고 있다." 이 기사에서는 비트코인 블록이 한 시간 이상 생성되지 않은 현상을 네트워크가 멈춘 것으로 설명하고 있다.

하지만 이러한 설명은 채굴에 대한 잘못된 이해에서 비롯되었다. 비트코인의 평균 블록 생성 시간은 10분이지만, 이는 평균값일 뿐이며 개별 블록의 생성 시간은 항상 일정하지 않다. 비트코인 네트워크가 정상적으로 동작하고 모든 채굴자들이 열심히 채굴을 하고 있더라도, 블록이 한 시간 넘게 생성되지 않는 경우가 간혹 있으며, 두 시간이 넘는 경우도 매우 드물지만 발생할 수 있다. 비트코인과 관련된 신문 기사는 항상 비판적인 시각으로 검토할 필요가 있다. 이 기사는 그러한 필요성을 보여주는 대표적인 사례다.

채굴자들은 프로토콜에서 정의된 채굴 규칙(예: 디지털 주사위를 던지는 방식)을 따르는 것 외에는 철저히 자유시장 원칙에 따라 행동한다. 각자의 상황에 맞게 몇 개의 주사위를 사용할지, 초당 몇 번 주사위를 던질지 등을 자유롭게 결정할 수 있으며, 필요한 컴퓨터를 직접 설계하거나 개발할 수도 있다.

그러나 이러한 컴퓨터를 제작하려면 연구 개발과 제조에 상당한 비용이 들어간다. 또한, 동시에 던질 수 있는 주사위의 개수를 늘리거나 던지는 속도를 높일수록 개발 및 관리 비용뿐만 아니라 전력 소모도 급격히 증가한다. 이에 따라 채굴자는 직접 장비를 개발하기도 하지만, 더 효율적이라고 판단되면 다른 사람이 설계한 채굴용 컴퓨터나 부품을 구매해 활용하기도 한다.

비트코인 채굴과 관련된 모든 선택은 프로토콜을 준수하는 한에서 채굴자의 자유에 맡겨진다. 많은 사람들이 채굴자를 떠올릴 때 GPU Graphics Processing Unit(그래픽카드)를 활용해 비트코인을 채굴하는 모습을 상상할 것이다. GPU는 동시에 여러 개의 주사위를 던지는 데 적합한 하드웨어이기 때문에, 과거 많은 채굴자들이 이를 선택했다.✦

앞서 언급한 대로, 채굴자들은 각자의 컴퓨터를 이용해 끊임없이 주사위를 던지고 있다. 그중 가장 먼저 1,000 이하의 숫자를 내는 채

✦ GPU를 사용하는 채굴은 효율이 매우 낮아, 현재에는 잘 사용되지 않는 방식이다. 최근에는 대부분 ASIC(Application Specific Integrated Circuit)이라 불리는 형태의 채굴 전용 하드웨어를 개발하여 채굴이 이루어지는 추세이다.

굴자가 승리자가 된다. 승리한 채굴자는 자신이 생성한 블록을 네트워크의 노드에 전파하고, 이에 따른 채굴보상을 획득한다. 또한, 해당 블록이 네트워크 전체에 공유되면 모든 채굴자는 다음 블록을 채굴하기 위한 새로운 경쟁을 다시 시작한다.

이제 첫 번째 질문인 "다수의 채굴자 중 누가 채굴에 성공할까?"를 생각해 보자. 블록 생성은 멈추지 않고 지속적으로 이루어져야 하기 때문에, 채굴도 끊임없이 반복된다. 이 과정에서 더 많은 에너지를 투입한 채굴자가 높은 확률로 채굴에 성공하게 된다.

여기서 말하는 '에너지'는 단순한 전력 소비를 의미하는 것이 아니다. 채굴에는 컴퓨터 개발 및 구매 비용, 유지·보수 비용, 전력 비용, 관리 인력 비용, 최적화 비용 등 다양한 요소가 포함된다. 하지만 실질적으로 보면, 채굴 과정에서 가장 지속적으로 소모되는 비용은 전력 비용이며, 전체 비용에서 가장 큰 비중을 차지한다. 따라서 채굴에서 사용하는 에너지를 전력량으로 단순화해서 생각해도 크게 무리가 없다.

이제 예시를 하나 들어 에너지 사용량에 따라 누가 채굴에 성공하는지를 살펴보겠다. 채굴자 A, B, C가 있다고 가정하고, 이들이 각각 70, 20, 10의 에너지를 채굴에 투입한다고 하자. 채굴이 반복될수록 A, B, C의 채굴 성공 확률은 각각 70%, 20%, 10%로 수렴하게 된다.

이러한 방식을 '작업 증명 Proof of Work, PoW'이라고 하며, 작업(=에너지 =주사위를 던진 횟수)을 많이 한 채굴자가 자신의 작업양을 객관적으로 증명하여 더 자주 성공하는 방식이기 때문에 이러한 이름이 붙었다.◆ 결론적으로, 더 많은 작업을 수행한 채굴자가 더 높은 확률로 블록을 생성하고 채굴보상을 받게 된다.

다음으로 두 번째 질문인, 채굴자의 수와 작업량이 변동하더라도 블록 생성 시간을 어떻게 약 10분으로 유지할 수 있는지 살펴보자. 이를 해결하는 것이 바로 비트코인 프로토콜에 정의된 '난이도 조절 Difficulty Adjustment'이다. 예를 들어, 현재 네트워크에서 채굴자들이 평균적으로 10분에 한 개의 블록을 생성하고 있다고 가정하자. 그런데 새로운 채굴자가 등장하여 막대한 자본과 기술력을 투입하고 이로 인해 채굴 속도를 크게 개선하였다고 생각해보자. 그리고 이 채굴자가 네트워크에 참여하면서 전체 채굴 속도가 빨라져 평균 블록 생성 시간이 기존 10분에서 5분으로 단축된 상황을 가정해보자. 이러한 상황을 해결하기 위해 비트코인 프로토콜은 2,016개의 블록이 생성될 때마다 난이도를 조절하도록 설계되어 있다. 이는 약 2주(10분 × 2,016 블록)마다 자동으로 수행된다.

◆ 채굴에 성공한 것 자체가 더 많은 주사위로 더 자주 주사위를 던지며 에너지를 소모했다는 것을 증명한다.

위 예시처럼 평균 채굴 시간이 10분에서 5분으로 줄어든 경우, 네트워크는 채굴 난이도를 두 배로 증가시켜 블록 생성 시간을 다시 10분으로 복귀시킨다. 이는 기존에 1,000 이하의 숫자가 나와야 채굴이 성공했던 규칙을 500 이하의 숫자로 변경하여 채굴의 난이도를 두 배 올린 것과 같다. 이러한 난이도 조절은 네트워크 전체가 반드시 따라야 하는 규칙이다. 난이도가 조정된 후 새로 생성된 블록이 네트워크에 전파되면, 각 노드는 변경된 난이도에 따라 해당 블록을 검증한다. 만약 어떤 채굴자가 조정된 난이도를 따르지 않고 기존 난이도로 블록을 채굴했다면 어떻게 될까? 이를 전달받은 노드는 해당 블록을 유효하지 않은 블록으로 간주하고 폐기한다. 이렇게 되면 해당 채굴자는 블록을 인정받지 못하고, 채굴보상을 받을 기회를 잃게 된다.

2025년 5월 기준, 채굴보상 중 수수료를 제외한 블록보상은 3.125 BTC이며, BTC 한 개의 시세는 약 1.4억 원이다. 따라서 블록을 성공적으로 채굴하면 약 4.4억 원 상당의 보상을 받을 수 있다. 이렇게 막대한 보상이 걸려 있기 때문에, 프로토콜을 따르지 않았을 때 발생하는 기회비용은 엄청나다. 이 기회비용은 모든 채굴자가 비트코인 프로토콜을 철저히 준수하도록 만드는 강력한 유인이 된다.

채굴자는 채굴 과정에서 한 블록이 수용할 수 있는 트랜잭션보다 더 많은 트랜잭션이 자신의 멤풀에 쌓이는 상황을 종종 맞닥뜨린다. 이때 어떤 트랜잭션을 선택해 블록에 등록할지는 전적으로 채굴자의 재량에 달려 있다. 일반적으로 채굴자들은 특별한 이유가 없는 한 수수료가 높은 트랜잭션을 우선적으로 블록에 포함한다.

그러나 가끔 예외적인 상황도 발생한다. 예를 들어, 수수료가 낮아 오랫동안 처리되지 않은 트랜잭션의 관련자(대개 전송자나 수신자)가 특정 채굴자에게 별도의 비용을 직접 지불하며 우선 처리를 요청하는 경우다. 이런 경우 채굴자는 수수료가 낮더라도 사용자와의 개별 계약을 기반으로 해당 트랜잭션을 블록에 포함할 수 있다.

이 지점에서 검열 가능성에 대한 우려가 제기될 수 있다. 채굴자가 트랜잭션을 임의로 선택할 수 있다면, 특정 트랜잭션을 의도적으로 배제하여 비트코인을 사용한 결제를 검열하는 것이 가능하지 않을까? 특히 어떤 채굴자가 채굴을 독점하는 경우를 가정하면, 특정 트랜잭션을 지속적으로 블록에 포함시키지 않는 검열 행위를 할 수도 있다.

그러나 비트코인은 전 세계적으로 누구나 자유롭게 채굴에 참여할 수 있는 구조를 가지고 있어 탈중앙화되어 있다. 이 때문에 단일 채굴자가 네트워크를 독점하는 것은 현실적으로 불가능하다. 이러한 상황에서 높은 수수료가 걸린 트랜잭션을 검열 목적으로 배제하더라도, 결국 해당 트랜잭션은 다른 채굴자에 의해 채굴되므로, 자신은 단지 얻을 수 있었던 수수료를 포기한 셈이 될 뿐 실제로는 아무런 검열 효과도 이루지 못하게 된다. 이는 검열을 시도한 채굴자에게 경제적 손해를 초래하기 때문에, 네트워크 내에서 지속적으로 이루어지기 어렵다.

이번 섹션에서는 채굴자의 역할과 구체적인 채굴 방식을 설명하였다. 특히, 비트코인의 채굴에서 가장 중요한 개념인 작업 증명과 난이도 조절이 어떻게 작동하는지를 살펴보았다. 이 두 가지 개념은 비트코인 네트워크의 안정성을 유지하는 핵심 메커니즘이며, 비트코인 프로토콜에서 가장 정교하고 효과적인 설계로 평가받는다. 따라서 이를 확실히 이해하고 기억해두길 바란다.

비트코인 네트워크와 결제의 안정성
동시채굴, 이중지불, 트랜잭션의 완료와 51% 공격

앞선 섹션에서 노드와 채굴자의 역할을 이해했다면, 이제 한층 더 깊이 있는 주제를 다룰 준비가 되었다. 이번 섹션에서는 비트코인 네트워크에서 결제의 안정성과 관련된 핵심 개념인 동시채굴, 이중지불, 트랜잭션 완료, 그리고 51% 공격에 대해 살펴보겠다. 각각 개별적인 주제로 보일 수 있지만, 이들은 서로 밀접하게 연결되어 있다. 이 개념들을 이해하면 비트코인의 안정성과 작동 원리에 대한 깊은 통찰을 얻을 수 있다.

동시채굴이란 두 명의 채굴자가 거의 동시에 블록을 채굴 완료한 상황을 의미한다. 독립적인 채굴자들이 네트워크에서 각자 작업을 수행하기 때문에, 이러한 상황은 종종 발생할 수 있다. 이 경우, 어떤 블록이 네트워크의 노드들에 의해 선택되어 장부에 등록되고, 최종적으로 채굴보상을 받게 될지 결정해야 한다. 이를 해결하기 위해 비트코인 프로토콜은 '긴 줄 규칙 Longest Chain Rule'을 적용한다. 이를 예제와 함께 살펴보겠다.

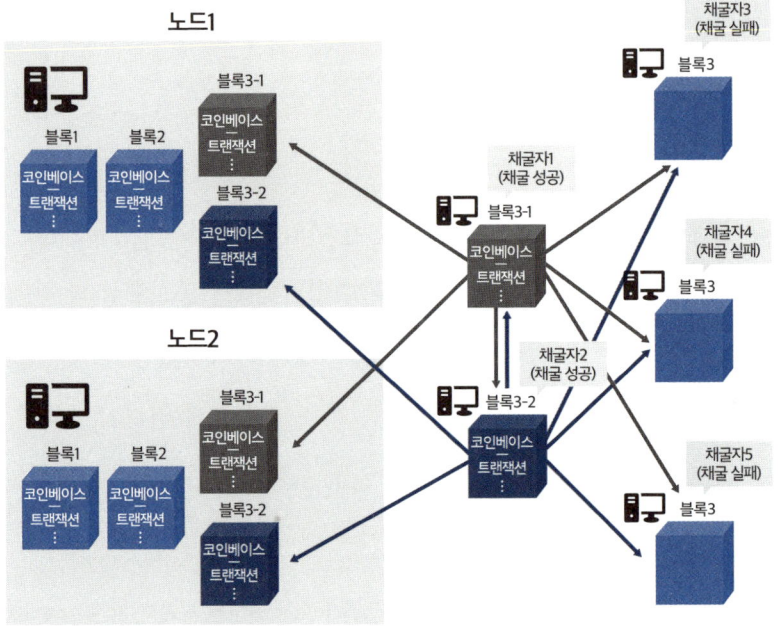

그림4 | 동시 채굴 상황 발생

먼저, 그림4는 동시채굴 상황이 발생한 경우를 나타낸다. 예제에서는 왼쪽에 총 두 개의 노드가 동작하고 있으며, 현재 블록1과 블록2가 채굴 완료되어 각 노드의 장부에 등록된 상태이다. 또한, 오른쪽에는 채굴자1부터 채굴자5로 명명된 다섯 채굴자가 채굴을 시도하고 있다. 이때 채굴자1과 채굴자2가 거의 동시에 블록을 채굴 완료하고, 각각 새로 생성된 블록을 네트워크에 전파하는 상황이 발생한다. 채굴자1이 채굴한 블록은 회색 블록3-1, 채굴자2가 채굴한 블록은 남색 블록3-2로 그림에서 표현하였다. 블록3-1과 블록3-2가 전파되는 것은 각 블록과 동일한 색으로 표시된 화살표로 나타내었다. 이 예에서는 두 블록 모두 정상적으로 채굴되었으며, 블록의 무결성에도 문제가 없다고 가정한다.

  이 상황에서 두 노드는 블록3-1과 블록3-2 중 어느 것이 더 유효한 블록인지 즉시 판단하지 않는다. 두 블록 모두 유효한 블록3이 될 가능성을 열어둔 채 유지한다. 채굴자들 또한 노드와 동일한 동작 원리를 따르며, 각 블록을 모두 수신한다. 다만, 채굴자들이 새로 생성된 블록 중 어떤 것을 먼저 받게 될지는 예측할 수 없다. 하지만 둘 중 하나를 수신하는 순간, 진행 중이던 블록3에 대한 채굴을 즉시 중단하고, 수신한 블록을 기반으로 블록4 채굴을 시작한다.

이러한 과정이 어떻게 진행되는지를 다음 그림5를 통해 예제로 설명하겠다.

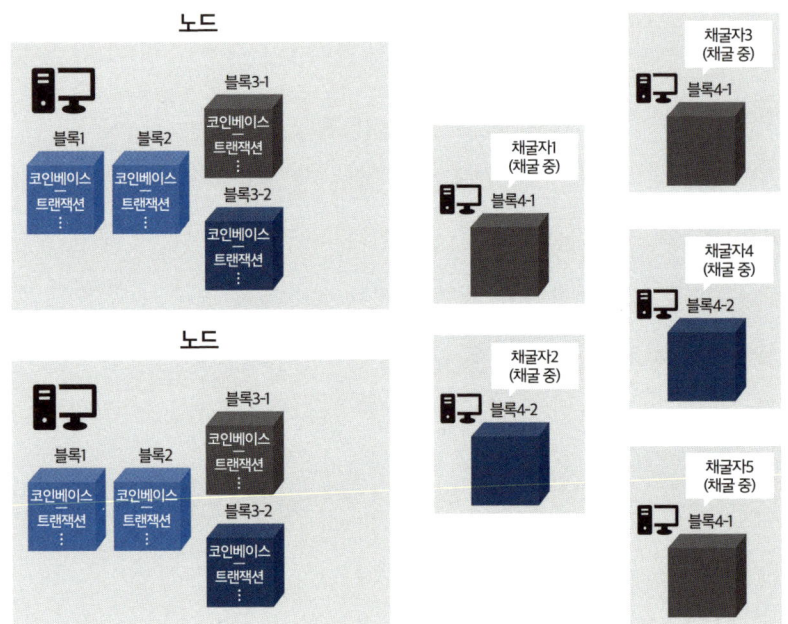

그림5 | 동시 채굴 후 블록의 분기

그림5는 앞서 발생한 동시채굴로 인해 블록이 어떻게 분기되는지를 보여준다. 비트코인의 새 블록은 자신의 직전 블록을 정확히 명시하며 줄을 서는 방식으로 채굴된다. 이러한 구조 때문에 '블록체인

Blockchain'이라고도 불린다.* 예를 들어, 특정 채굴자는 채굴자1이 성공적으로 채굴한 블록3-1에 줄을 서서 다음 블록을 만들기를 시도하거나, 채굴자2가 생성한 블록3-2에 줄을 서서 다음 블록을 만들기를 시도할 수 있다.

그림에서 채굴자1, 채굴자3, 채굴자5는 블록3-1에 이어 블록4-1을 생성하고 있고, 채굴자2와 채굴자4는 블록3-2에 이어 블록4-2를 생성하고 있다. 구분을 쉽게 하기 위해 각 채굴자가 줄 선 블록의 색을 블록3-1과 블록3-2의 색상과 동일하게 표시하였다. 채굴자들이

✦ 블록체인은 대중들에게는 비트코인의 핵심 기술로 알려져 있다. 그러나 이는 비트코인에 대한 대표적인 오해 중 하나다. 블록체인은 데이터를 순차적으로 기록하면서 비트코인 장부의 무결성을 쉽게 검증하기 위해 사용되는 기술 중 하나에 불과하며, 비트코인 장부의 무결성과 불변성을 보장하는 핵심 요소는 탈중앙화된 네트워크다.

블록체인을 활용해 알트코인을 만들거나, 새로운 투표 시스템이나 물류 관리 시스템을 개발할 수 있다는 주장을 종종 접할 수 있을 것이다. 이러한 주장은 블록체인과 탈중앙화의 본질을 제대로 이해하지 못한 데서 비롯된다. 탈중앙화되지 않은 블록체인은 기존의 중앙화된 데이터베이스 대비 이점이 없으며, 오히려 훨씬 더 비효율적이고 속도도 느리다. 따라서 비트코인이 아닌 곳에서 쓰이는 블록체인은 대다수의 기대와는 달리 별다른 효용을 제공하지 못한다.

비트코인만이 완전히 탈중앙화된 블록체인을 기반으로 작동하는 유일한 네트워크이며, 이 점이 비트코인을 다른 블록체인 기반 시스템과 구별되게 하는 핵심 요소다.

또한 블록체인이라는 단어는 많은 비판을 받는 단어이기도 하다. 그 이유는 블록체인은 대부분 알트코인의 마케팅 용어로 쓰이고 있기 때문이다. 비트코인의 창시자인 사토시 나카모토는 타임체인(Timechain)이라는 단어를 사용하여 누구도 조작할 수 없는 시간 순서대로의 거래 기록을 강조했고 블록체인이라는 단어를 사용한 적이 없다.

서로 다른 블록에 줄을 서는 이유는 블록을 수신한 순서가 다르기 때문이다. 새 블록을 수신하는 즉시 이전에 하던 채굴을 멈추고, 해당 블록에 이어 새 블록을 채굴하기 시작한다.

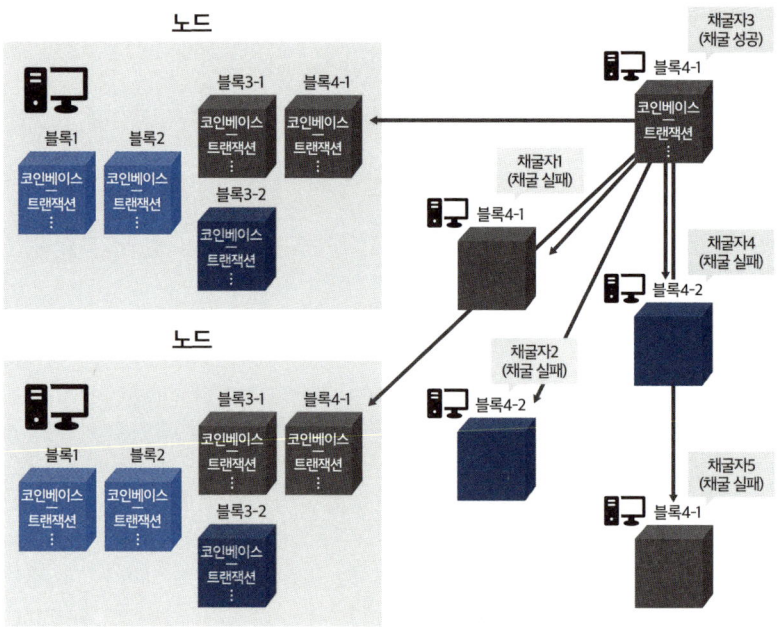

그림6 | 더 긴 줄의 탄생

다음으로, 그림6는 채굴자3이 블록4-1을 채굴하는 데 성공한 경우를 나타낸다. 이 블록이 성공적으로 채굴되면 네트워크에 즉시 전파되며, 모든 노드는 블록3-1에 이어 블록4-1을 추가한다.

이 시점에서 채굴자1부터 채굴자5까지 모든 채굴자는 기존에 진행하던 채굴을 멈추고, 블록4-1이 포함된 줄을 따라 다음 블록을 채굴하기 시작한다. 이에 따라 블록 3-2에 이어서 블록4-2를 채굴하려던 채굴자들도 블록4-1이 있는 줄로 이동하여 다음 블록을 채굴하기 시작한다. 그 결과 줄이 두 곳으로 분기된 것 중, 블록3-2를 기반으로 이어지던 줄은 자연스럽게 폐기되고 장부가 일렬로 정렬된다.

이 과정이 반복되면서 비트코인 네트워크는 가장 긴 줄을 유효한 줄로 인정하며, 동시채굴로 인해 발생할 수 있는 장부 불일치를 해결한다.

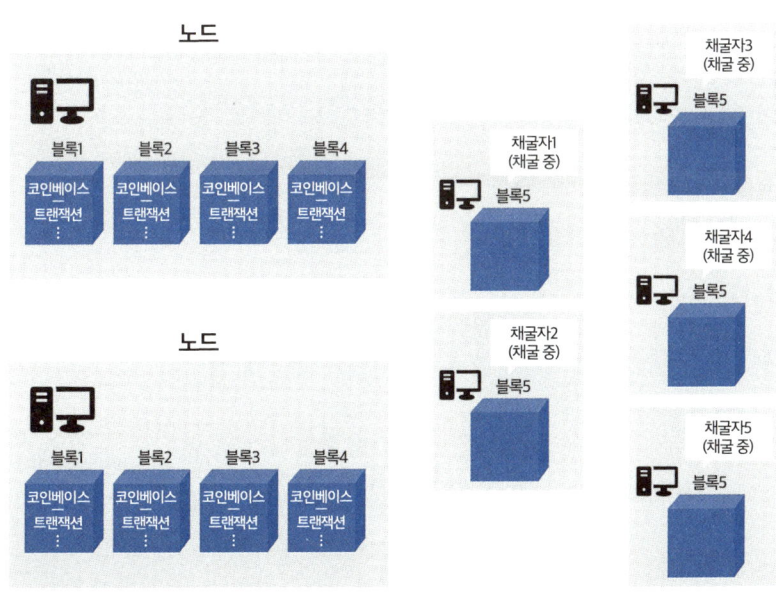

그림7 | 동시채굴의 해결

앞서 그림5에서는 블록3-1과 블록3-2로 인해 줄이 두 개로 갈라진 상황을 살펴보았다. 이후 블록3-1을 따라 블록4-1이 채굴되면서, 블록3-2보다 더 긴 줄이 형성되었다. 비트코인 프로토콜은 더 긴 줄이 더 많은 연산(작업 및 에너지)이 수행된 것으로 간주하며, 해당 줄을 정식 장부로 채택한다. 이 과정이 앞서 설명한 긴 줄 규칙이며, 결국 이 규칙도 작업 증명의 원칙을 기반으로 작동한다. 즉, 더 많은 에너지를 소모한 더 긴 줄이 선택되며 그 결과 네트워크는 자연스럽게 가장 많은 연산 자원이 투입된 줄을 유효한 장부로 선택하게 된다.

이에 따라 블록3-1과 블록4-1이 포함된 줄이 정식 장부로 확정되며, 모든 채굴자는 블록4-1이 이어진 줄을 따라 블록5를 채굴하기 시작한다. 이 과정은 그림7에 표현되어 있다. 반면, 블록3-2가 포함된 줄은 폐기되며, 해당 줄에 포함되었던 트랜잭션 중 블록3-1이나 블록4-1의 줄에 포함되지 않은 트랜잭션들은 다시 멤풀로 돌아가 후속 채굴 과정에서 블록에 포함되기를 기다리게 된다. 이 과정에서 블록3-2를 채굴했던 채굴자2는 보상을 받지 못하게 된다.

이번 예에서는 두 개의 줄이 동시에 형성된 상황을 가정했지만, 세 개 이상의 줄이 동시에 형성되었더라도 동일한 방식으로 해결된다. 또한, 각 줄에서 채굴이 연속적으로 발생하여 길이가 더 길어질 수도 있지만, 두 개 이상의 줄이 동일한 속도로 무한히 연장될 확률은 극히 낮다. 결국 긴 줄 규칙이 적용되면서 자연스럽게 한 개의 줄로 정리되며, 네트워크의 일관성이 유지된다.

다음으로, 분산 네트워크 기반 화폐 시스템에서 가장 해결하기 어려운 난제 중 하나인 이중지불Double Spending 문제를 비트코인 네트워크가 어떻게 해결하는지 살펴보겠다.

이중지불이란 하나의 계좌(비트코인에서는 비트코인 주소)에 존재하는 동일한 돈이 두 번 사용되는 현상을 의미한다. 전통적인 인터넷 뱅킹과 같은 중앙화된 디지털 결제 시스템에서는 모든 결제 요청이 은행의 중앙 서버로 모이며, 한 건씩 순차적으로 처리되기 때문에 이중지불 문제가 원천적으로 발생하지 않는다.

그러나 비트코인과 같은 분산 네트워크 기반의 화폐 시스템에서는 상황이 다르다. 각 트랜잭션이 수만 개의 노드로 전파되는 과정에서 시차가 존재한다. 그렇기 때문에 이중지불을 시도한 두 개의 트랜잭션이 서로 다른 채굴자에 의해 거의 동시에 블록에 포함되어 각기 다른 블록이 생성될 가능성이 있다. 하지만 비트코인 네트워크는 이중지불을 철저히 방지하기 위한 설계를 갖추고 있다.

먼저, 각 노드는 트랜잭션의 이중지불을 감지하고 방지한다. 만약 하나의 트랜잭션에서 이미 사용된 잔고를 다른 트랜잭션이 다시 사용하려고 시도하면, 뒤늦게 도착한 트랜잭션은 즉시 거절되어 폐기된다. 따라서 이중지불을 성공시키려면 매우 짧은 시간 안에 서로 다른 노드로 각각 다른 이중지불 트랜잭션을 보내야 한다. 다만, 이중지불을 의도적으로 시도하려는 사용자가 이러한 행위를 실행하는 것 자체는 어렵지 않다.

이렇게 노드에 이중지불 트랜잭션이 전파된 경우, 그 다음 단계에서 채굴자와 비트코인 프로토콜의 긴 줄 규칙이 이중지불을 방지하는 역할을 한다. 먼저, 각 채굴자는 자신이 채굴하는 블록에 포함될 모든 트랜잭션을 검증한다. 만약 이중지불된 트랜잭션이 블록에 포함되면, 해당 블록은 네트워크의 노드들에 의해 무결성 검사에서 거절된다.

따라서 채굴자는 자신이 채굴하는 블록에서 이중지불된 트랜잭션이 있는지 철저히 검증하며, 만약 이중지불된 트랜잭션이 감지되면 그중 하나를 임의로 폐기한다. 결과적으로, 이중지불 트랜잭션이 블록에 등록되려면 두 개의 이중지불 트랜잭션이 각각 서로 다른 채굴자에 의해 거의 동시에 블록에 포함되어야 한다. 하지만 동시채굴된 블록은 긴 줄 규칙에 의해 자연스럽게 정리되므로, 일시적으로 이중지불이 성공한 것처럼 보일 수 있어도 시간이 지나면 한 결제가 취소되며 해소된다.

정리하자면, 비트코인 네트워크에서 이중지불은 세 단계에 걸쳐 방지된다.

1. 일차적으로 노드가 방지한다. 트랜잭션이 네트워크에 전파될 때, 이미 사용된 잔고를 다시 사용하는 이중지불 트랜잭션이 감지되면 노드가 이를 거절하고 폐기한다.
2. 이차적으로 채굴자가 방지한다. 각 채굴자는 블록을 생성하기 전, 포함할 트랜잭션을 검증하여 이중지불된 트랜잭션을 걸러낸다. 만약 이중지불된 트랜잭션이 블록에 포함되면, 해당 블록은 네트워크에서 거부된다.
3. 삼차적으로 긴 줄 규칙이 방지한다. 극히 낮은 확률로 이중지불 트랜잭션이 동시채굴된 서로 다른 블록에 포함될 수 있다. 하지만 비트코인 네트워크는 긴 줄 규칙을 적용하기 때문에, 더 긴 줄이 유효한 비트코인 장부로 인정되며, 결과적으로 둘 중 하나의 트랜잭션만 살아남고 나머지는 폐기된다.

이렇게 비트코인은 다층적인 방어 구조를 통해 이중지불 문제를 효과적으로 해결하며, 네트워크의 신뢰성과 무결성을 유지한다.

이제 트랜잭션의 완료Confirmation에 대해 살펴보겠다. 비트코인 전송자가 트랜잭션을 생성해 네트워크에 전파하면, 해당 트랜잭션은 각 노드와 채굴자의 멤풀에 저장된다. 이 상태의 트랜잭션은 아직 장부에 기록되지 않은 대기 상태이며, 블록에 포함되어 완료되기를 기다리는 중이다. 트랜잭션이 언제 블록에 포함될지는, 해당 트랜잭션의 수수료 수준과 네트워크의 혼잡도(대기 중인 트랜잭션 수)에 따라 달라진다.

그렇다면, 특정 트랜잭션이 블록에 등록되어 네트워크의 노드로 전파되면 이를 완료된 것으로 볼 수 있을까? 높은 확률로 그렇다. 그러나 해당 트랜잭션이 동시채굴된 블록에 포함되었고, 이후 긴 줄 규칙에 의해 해당 블록이 폐기될 가능성까지 고려한다면, 무조건 완료되었다고 단정할 수는 없다.

따라서 일반적으로 트랜잭션이 완전히 완료된 것으로 간주되는 시점은, 해당 트랜잭션이 포함된 블록 뒤에 4~6개의 블록이 추가된 이후다. 이 정도가 되면 동시채굴로 인해 더 긴 줄이 형성되어 트랜잭션이 취소될 확률이 현저히 낮아지기 때문이다. 하지만 이는 절대적인 규칙이 아니다. 사용자의 재량에 따라 완료 판단 기준이 달라질 수 있다.

예를 들어, 커피값 정도의 BTC 결제라면, 트랜잭션이 블록에 등록된 직후 바로 결제가 완료된 것으로 간주할 수 있다. 거래가 취소될 가능성이 낮고, 설령 취소되더라도 큰 손해가 발생하지 않기 때문이다. 하지만 부동산 거래처럼 큰 금액이 걸린 BTC 결제의 경우, 트랜잭션이 블록에 등록되었다고 해서 즉시 완료된 것으로 간주하기 어렵다. 이러한 거래에서는 앞서 언급한 대로 4~6개의 블록이 뒤에 충분히 쌓일 때까지 기다린 후 트랜잭션 완료 여부를 판단하는 것이 안전하다.

트랜잭션 완료 시점을 정하는 데 정해진 정답은 없다. 다만, 한 가지 확실한 점은 한 번 생성되어 네트워크에 전파된 트랜잭션은 사용자가 임의로 취소할 수 없다는 것이다. 단, 트랜잭션이 너무 많아져 멤풀에서 삭제되거나, 특정 방법(예를 들어 RBF~Replace-By-Fee~)을 사용해 무효화 효과를 낼 수 있는 예외적인 경우는 존재한다. 따라서 트랜잭션 완료 시점은 가급적 비트코인 장부에 기록된 이후, 거래의 중요도에 따라 추가 블록이 충분히 쌓인 후로 판단하는 것이 가장 안전하다.

> **RBF(Replace-By-Fee)**
>
> 기존에 네트워크에 전파된 트랜잭션을 새로운 트랜잭션으로 대체할 수 있도록 하는 기술이다. 이를 통해 사용자는 수수료를 높이거나, 송금 금액 또는 받는 주소를 변경할 수 있다. 주로 기존 트랜잭션의 수수료가 너무 낮아 블록에 포함되지 않고 대기 중일 때, RBF를 사용해 더 높은 수수료를 설정한 새로운 트랜잭션을 전송하면 기존 거래가 무효화되고, 새로운 거래가 채굴자들에게 선택될 가능성이 높아진다. 단, RBF를 사용하려면 최초 트랜잭션을 보낼 때 이를 활성화해야 한다.

이렇게 특정 트랜잭션이 블록에 기록되고, 이후 충분한 블록이 추가되면 해당 결제 내역을 취소하는 것은 사실상 불가능해진다. 이를 '결제의 완결성~Settlement Finality~'이라고 하며, 한 번 이루어진 결제가 되돌릴 수 없음을 의미한다.

결제의 완결성은 탈중앙화된 가치 중립적 화폐가 반드시 갖춰야 할 핵심 특성이다. 만약 결제를 되돌릴 수 있다면, 송금 받은 사용자는 언제든지 거래가 취소될 위험에 놓이게 되며, 이는 결제 시스템의 신뢰를 심각하게 훼손할 수 있다.

법정화폐 시스템에서는 중앙은행이나 금융기관이 결제를 취소하거나 계좌를 동결시킬 수 있지만, 비트코인은 누구의 개입도 없이 결제가 확정되고 비트코인 주소를 동결시킬 수 없는 시스템을 보장한다. 이러한 특성 덕분에 비트코인은 완전한 탈중앙화 화폐로 기능할 수 있으며, 누구도 임의로 결제 내역을 변경할 수 없는 검열이 불가능한 금융 시스템을 구축한다.

마지막으로, 비트코인 장부와 관련된 이론적 위험을 살펴보며 본 섹션을 마무리하겠다. 비트코인의 창시자인 사토시 나카모토는 그의 백서 "Bitcoin: A Peer-to-Peer Electronic Cash System"에서 특정 채굴자가 채굴을 장악할 때 발생할 수 있는 위험을 수학적으로 분석하였다.

백서에서는 채굴 능력의 과반(51%) 이상을 확보할 경우, 공격자가 원하는 블록을 무효화할 수 있음을 증명하였다. 공격자가 이와 같은 채굴 능력을 보유하면, 특정 블록에서 새로운 체인을 시작해 그 뒤의 모든 블록을 자신이 채굴한 블록으로 더 길게 연결할 수 있다. 앞서 채굴에 대한 설명에서 다루었던 긴 줄 규칙에 따라, 이 새롭게 생성된 줄이 기존에 생성돼 있던 줄을 대체하면, 이전 줄에 있던 블록과 이에 포함된 트랜잭션이 무효화될 수 있다.

이는 이미 완료된 것으로 간주된 트랜잭션을 되돌릴 수 있어 비트코인 네트워크의 신뢰성을 저하시킬 위험을 초래한다. 이러한 공격을 과반을 초과했다는 의미에서 '51% 공격_{51% Attack}'이라 부른다.

51% 공격은 비트코인 네트워크의 안정성을 위협할 수 있는 것으로 보일 수 있지만, 실제 수행 가능성은 극히 낮다. 2025년 2월 19일 기준, 비트코인 네트워크의 전체 해시레이트_{Hashrate}는 약 835,888,524 TH/s에 달한다.[18]

이 숫자는 이는 현재 존재하는 모든 슈퍼컴퓨터를 합쳐도 도달 불가능한 수준이다. 만약 대표적인 채굴기인 Antminer S19 XP(해시파워 140TH/s)를 기준으로 51% 공격을 수행하려면 약 300만 대의 채굴기가 필요하며, 이를 구매하는 데만 수십억 달러 이상의 비용이 소요될 것으로 예상되며 이를 새롭게 생산하기 위해서도 엄청난 시간이 소요된다.

비현실적이지만 그 수많은 채굴기를 확보했다고 가정하고, 이를 가동하기 위해서는 막대한 전력 소비와 광대한 설비 공간이 필요하므로, 비밀리에 51% 공격을 준비하는 것은 사실상 불가능하다. 또한, 공격이 성공하더라도 장기적으로 얻을 수 있는 실질적인 이득은 거의 없다. 공격자는 네트워크의 신뢰를 훼손할 수 있지만, 이를 시도하는 것보다 정상적으로 채굴하여 블록보상과 거래 수수료를 얻는 것이 훨씬 더 경제적이다.

설사 51% 공격이 시도될 조짐이 보이고, 실질적인 위협이 될 가능성이 있다 하더라도, 비트코인 사용자들은 네트워크의 채굴 규칙[*]을 변경함으로써 이에 대응할 수 있다. 이 경우 공격에 투입된 막대한 비용은 어떠한 이득도 없이 낭비될 뿐이다. 결국, 비트코인 네트워크의 구조적 특성과 경제적 현실로 인해 51% 공격은 이론적으로 가능하더라도 현실적으로는 극히 비효율적이며, 실행할 동기가 거의 없다.[**]

BTC 신규 공급 정책

이번 섹션에서는 비트코인을 예측 가능한 희소한 돈으로 만들어주는 BTC 신규 공급 정책을 설명하겠다.

앞서 언급한 대로, 채굴에 성공한 채굴자는 채굴보상을 얻는다. 채굴보상은 블록보상과 트랜잭션 수수료의 합으로 구성되며, 이 중 블록보상이 BTC의 유일한 신규 발행이다. 블록은 평균 10분에 한 번 생성되므로, BTC 신규 발행도 평균 10분에 한 번 '예측 가능하게' 이루어진다.

[*] 예를 들어, 채굴할 때 사용하는 디지털 주사위의 종류를 다른 것으로 변경할 수 있다. 실질적으로는 비트코인의 채굴 시 SHA-256이라는 해시 연산을 수행하는데, 이를 Blake3, Argon2와 같은 연산으로 변경할 수 있다.

[**] 비트코인은 경제적 이득과 비용 구조를 활용하여 악의적인 행동을 방지하도록 설계되었다는 점을 이해하는 것이 중요하다. 국가나 특정 기관의 법적 규제나 물리적 강제력에 의존하지 않고도, 경제적 인센티브를 기반으로 악의적인 행위를 효과적으로 억제하는 설계를 갖추고 있다.

블록보상의 양은 '반감기Halving'라고 불리는 주기에 따라 달라진다. 비트코인 네트워크가 처음 동작을 시작했을 때, 블록보상은 50BTC였다. 이를 제1반감기라 부르겠다. 이후 21만 개의 블록이 생성될 때마다 블록보상이 절반으로 줄어들며, 다음 반감기로 변경된다. 예를 들어, 제1반감기가 시작된 후 21만 개의 블록이 생성되면 제2반감기가 시작되며, 블록보상은 25BTC로 줄어든다. 이러한 과정은 블록보상이 0이 될 때까지 반복된다.

블록1~210,000	블록210,001~420,000	블록420,001~630,000	...	블록6,720,001~6,930,000
제1반감기 50BTC	제2반감기 25BTC	제3반감기 12.5BTC	...	제33반감기 0.00000001BTC

21만개 블록의 의미는 매4년마다 반감기를 변경하는 것을 목표로 함을 의미한다. 블록 한 개가 생성되는 평균 시간인 10분과 21만을 곱하면 4년이라는 시간이 나오기 때문이다. 비트코인은 2009년 1월에 처음 동작을 시작하였다. 처음 제1반감기에는 블록보상이 50BTC였으며, 이후 약 4년마다 반감기가 진행되면서 블록보상이 절반씩 줄어들었다. 2025년 기준으로 제5반감기가 진행중이며, 10분당 생산량은 50 → 25 → 12.5 → 6.25 → 3.125BTC로 감소한 상태다. 각 반감기가 진행될수록 10분당 블록보상은 점점 줄어든다. 비트코인은 소수점 8자리까지 분할 가능한데, 33번째 반감기에서는 10분당 블록보상이 0.00000001BTC가 되고, 33번째 반감기가 끝나면 더

이상 소수점 자리 수가 없어, 블록보상이 불가능하다. 결과적으로 비트코인 네트워크에는 총 33회의 반감기가 예정되어 있으며, 2140년으로 예정된 마지막 주기가 끝나면 총 발행량은 약 2,100만 개가 된다. 이 통화 정책은 비트코인 프로토콜에 명시되어 있으며, 총 발행량을 수식으로 표현하면 아래와 같다. 이 수식을 통해 비트코인의 총 발행량이 수학적으로 완벽히 계산 가능한 '희소함'을 가짐을 확인할 수 있다.✦

$$\sum_{n=0}^{32} 210{,}000 \cdot \frac{50}{2^n} \approx 21{,}000{,}000$$

현재까지의 채굴 현황을 살펴보자. 2025년 5월 총 발행량 2,100만 개 중 약 2,000만 개에 육박하는 BTC가 발행되어, 약 95%의 BTC가 이미 채굴되었다.[19] 2035년까지 약 99%의 BTC가 채굴될 예정이며, 이후 약 2140년까지 남은 1%가 공급된 것이다. 그 이후로는 기존에 발행된 BTC만으로 거래가 이루어지며 추가 공급은 없을 것이다. 이 현황을 통해 현재까지 발행된 BTC가 앞으로 얼마나 희소하게 느껴질 것인지 예상할 수 있을 것이다.

✦ 수식의 이해는 독자에게 맡기겠다. 총 33개의 주기가 존재하고 매 주기마다 50개로 시작했던 채굴보상이 절반으로 줄어듦을 표현한 식이다. 어려우면 이해하지 않아도 무방하다.

비트코인에 대한 또 다른 오해 중 하나는, 2140년 이후 채굴보상이 종료되면 채굴을 할 이유가 사라져 네트워크 보안이 약화될 것이라는 주장이다. 그러나 채굴보상은 약 4년마다 절반씩 감소하며, 2100년 이후에는 블록보상은 극히 미미한 수준이 되고, 대신 트랜잭션 수수료의 비중이 점차 높아진다. 따라서 블록보상이 종료되더라도 전체 채굴보상에는 큰 영향을 미치지 않으며, 트랜잭션 수수료를 얻기 위한 경쟁이 지속됨으로써 비트코인 네트워크의 보안은 유지될 것이다.

이번 섹션에서는 비트코인의 통화 정책을 다루었다. 비트코인은 프로토콜에 정의된 규칙에 따라 약 10분마다 일정량이 생산되며, 이 일정은 예측 가능하다. 또한, 2140년에 예정된 33번째 반감기 이후에는 더 이상 새로운 비트코인이 생산되지 않는다. 총 공급량이 2,100만 개로 한정되어 있어 절대적인 희소성을 가지며, 난이도 조절 메커니즘 덕분에 채굴자가 아무리 늘어나더라도 생산량은 변하지 않는다. 이러한 특성을 공급 비탄력성이라고 한다.

비트코인의 절대적 희소성과 공급 비탄력성

비트코인의 절대적 희소성과 공급 비탄력성을 이해하는 것은 매우 중요하다. 따라서 이를 보다 명확히 설명해보겠다.

비트코인은 역사상 최초로 절대적 희소성을 갖춘 보편적 자원이다. 이 책에서 정의하는 절대적 희소성이란, 총량이 정확한 숫자로 알려져 있으며, 외부 요인에 의해 변하지 않는 희소성을 의미한다. 또한, 보편적 자원이란 인류 대부분이 그 존재를 알고 인식할 수 있으며, 필요한 경우 접근할 수 있는 자원을 뜻한다.

금, 은, 백금, 팔라듐과 같은 귀금속은 희소 자원으로 알려져 있지만, 총 매장량을 정확히 알 수 없고 새로운 광맥이 발견될 가능성이 있기 때문에 절대적 희소성을 가지지 않는다. 또한, '모나리자'나 '최후의 만찬'과 같은 미술품의 진품은 단 하나만 존재하기 때문에 희소하지만, 누구나 소유하거나 사용할 수 있는 보편적 자원은 아니다. 비슷한 맥락으로 개인에게 소중한 추억이나 가족 또한 의미 있고 희소하지만 보편적 자원으로 볼 수 없다. 시간은 희소한 자원이지만, 개인마다 주어진 시간이 다르고, 얼마나 살지 예측할 수 없기 때문에 상대적인 자원이다.

반면, 비트코인의 총 공급량은 2,100만 개로 정해져 있으며, 누구나 그 존재를 인식하고 필요한 경우 접근할 수 있다. 따라서 비트코인은 외부 요인에 의해 변하지 않는 절대적 희소성을 가지며, 이는 비트코인의 가치를 이해하는 데에 핵심적인 요소다.

비트코인의 또 다른 중요한 특성은 공급 비탄력성이다. 예를 들어, 금의 경우 채굴 비용이 금 가격보다 높아지면 채굴이 중단된다. 반대로, 금 수요가 급격히 증가해 가격이 폭등하면 채산성이 확보되면서 채굴이 다시 활성화된다. 즉, 수요(가격)에 따라 공급량이 조절되는 특성을 공급 비탄력성 Supply Elasticity 이라고 한다.

> **채산성**
>
> 채산성이란 어떤 일을 해서 이익이 있는지 손해가 발생하는지를 판단하는 기준이다. 금을 팔아서 얻는 수익이 금을 채굴하는 데 드는 비용(인건비, 장비, 전기료 등)이 보다 높으면 채산성이 있는 것이고, 수익보다 비용이 더 크면 채산성이 없는 것이다.

반면, 비트코인은 채굴 난이도 조절을 통해 가격이나 수요가 아무리 증가하더라도 혹은 반대로 낮아지더라도 생산량이 일정하게 유지된다. 이는 '공급 비탄력성 Supply Inelasticity'의 대표적인 사례이며, 이러한 특성을 가지는 자원은 비트코인과 시간이 대표적이다.

결국, 절대적 희소성과 공급 비탄력성은 비트코인의 가치를 이해하는 데 필수적인 개념이다. 비트코인은 이 두 가지 특성을 동시에 갖춘 보편적이면서 유일한 자원이자 화폐다.

비트코인 네트워크에서 채굴의 의의

채굴은 비트코인을 도덕적이고 건전하게 만들며, 비트코인 장부의 신뢰를 높이는 역할을 한다. 이에 대해 보다 자세히 알아보자.

먼저, 채굴은 비트코인을 도덕적이고 건전하게 만든다. 앞서 설명했듯이, 법정화폐는 화폐 발행에 거의 비용이 들지 않는다. 이로 인해 중앙은행과 시중은행은 무분별하게 화폐를 발행할 수 있었고, 칸티용 효과로 인해 대출을 쉽게 받을 수 있는 사람들이 자산 상승의 기회를 얻어 큰 이득을 보았다. 이는 부가 왜곡된 형태로 재분배되며, 사회의 양극화를 심화시키고 다양한 문제를 야기했다.

반면, 비트코인 네트워크에서는 채굴자가 BTC를 얻기 위해 반드시 에너지를 사용해야 하며, 이는 곧 비용이 필요함을 의미한다. 채굴자들은 채굴보상을 얻기 위해 경쟁을 벌인다. 전체 채굴자들이 지불하는 채굴 비용은 결과적으로 채굴자에게 주어지는 채굴보상의 현재 시세로 수렴하게 된다.

1. 채굴 비용이 채굴보상보다 낮으면,
   이익을 얻으려는 채굴자들이 늘어나면서 채굴 비용이 상승한다.
2. 반대로 채굴 비용이 채굴보상보다 높으면,
   채굴자들이 하나둘씩 포기하면서 채굴 비용이 줄어든다.

이처럼 채굴 비용과 채굴보상은 자유 시장에서 자연스럽게 균형을 이루게 된다.

BTC를 얻기 위해서는 BTC 시세에 맞는 비용을 들여 채굴을 하거나, 기존 BTC 소유자로부터 시세에 맞춰 구매해야 한다. "돈은 일해서 벌어라"라는 흔한 말이 가장 잘 통용되는 환경이 바로 비트코인이다. 누구도 BTC를 공짜로 소유할 수 없다는 이 설계가 비트코인을 도덕적이고 건전하게 만드는 핵심 원리다.

다음으로, 채굴은 비트코인 장부의 신뢰를 높인다. 채굴자는 비트코인 네트워크의 장부를 구성하는 각 페이지, 즉 블록을 생성하는 중요한 역할을 한다. 만약 악의적인 채굴자가 블록 생성에 문제를 일으킨다면, 이는 장부에 대한 신뢰를 훼손하고 결국 비트코인 전체의 신뢰성을 해치는 결과를 낳는다. 그러나 이러한 악의적 행위를 방지하는 유인책 역시 채굴의 막대한 비용이다. BTC 시세가 기하급수적으로 상승함에 따라 채굴 비용도 이에 상응하는 수준으로 증가하고 있다.

앞서 예로 든 천만 면체 주사위를 다시 떠올려 보자. 채굴 행위는 주사위를 기준 숫자* 이하가 나올 때까지 계속 던지는 과정이며, 이를 위해 설비와 전기에 많은 비용이 든다. 따라서 악의적인 채굴을 통해 네트워크를 교란하려는 시도는 높은 비용으로 인해 사실상 불가능하다.

* 이전에 천만면체의 주사위에서 1,000 이하의 주사위 눈금이 나오는 것으로 예를 들었다.

이를 쉽게 이해하기 위해 한 가지 비유를 들어보자. 백지 종이를 찢는 사람은 있을 수 있지만, 1,000 스위스 프랑(약 120만 원)짜리 지폐를 찢는 사람은 거의 없다. 특히, 이 지폐를 지속적으로 찢을 수 있는 사람은 더더욱 없다. 마찬가지로, 악의적 채굴로 비용을 낭비하는 것보다 정상적으로 채굴하여 BTC 보상을 받는 것이 훨씬 더 이득이다. 이러한 비용과 이득의 구조가 악의적 채굴을 억제하는 원동력이 된다.

비트코인이 시작된 2009년부터 현재까지 약 16년 동안, 악의적 채굴자로 인해 네트워크가 위협받은 적이 없다는 사실은 이 설계의 유효성을 증명한다.

이번 섹션을 통해 비트코인 채굴에 드는 비용이 비트코인을 도덕적이고 건전하게 유지하고, 장부의 신뢰를 높이는 역할을 한다는 점을 확인할 수 있었다.

흔히 알려진 오해 중 하나가 "비트코인 채굴로 인한 전력 소모가 환경을 해치고 비효율을 초래한다"는 주장이다. 그러나 이는 사실이 아니다.[20] 신뢰받는 돈이 되기 위해서는 돈을 생성하거나 소유하는 데 반드시 합당한 비용이나 에너지가 사용되어야 한다.

이는 비트코인을 생산하는 채굴자뿐만 아니라, 노동을 통해 자본을 획득하고 이를 비트코인으로 전환하는 비트코인 사용자들에게도 동일하게 적용된다. 돈에 있어서 공짜 점심은 없다.

비트코인 프로토콜

비트코인 프로토콜은 네트워크를 구성하는 노드, 채굴자, 사용자 모두가 따라야 하는 합의된 규칙이다. 이번 섹션에서는 프로토콜이 어디에 명시되어 있으며, 이를 어길 경우 어떤 결과가 발생하는지를 살펴본다.

사실, 프로토콜의 대부분은 노드에 직접 구현되어 있다. 노드는 앞서 설명한 것처럼 인터넷에 연결된 컴퓨터로, 인터넷에 공개되어 있는 '비트코인 코어 Bitcoin Core'라는 소프트웨어를 다운로드해 실행하면 노드로 기능할 수 있다. 노드를 처음 실행하면 다른 노드들과 직접 연결되고, 이들의 도움을 받아 비트코인 장부를 다운로드한다 (네트워크 상태와 컴퓨터 성능에 따라 이 과정은 약 3~7일 정도 소요된다). 장부의 모든 블록을 다운로드하면, 해당 컴퓨터는 정식 노드로서 네트워크 운영에 참여하게 된다.

비트코인 코어의 프로그램 코드는 깃헙 GitHub[21]과 같은 오픈소스 플랫폼에 공개되어 있으며, 누구나 이를 검토하고 원하면 기여할 수 있다. 이 프로그램 코드에는 블록 보상을 위한 BTC 양, 21만 개 블록마다의 반감기, 채굴자가 제출한 블록의 유효성 검사 방법, 2,016개 블록마다 행해지는 난이도 조절, 비트코인 주소의 잔고* 검증 방법 등 비트코인 프로토콜의 핵심 규칙이 포함되어 있다. 비트코인 네트워크의 모든 노드는 이러한 규칙을 따르며, 해당 프로그램 코드가 실행되는 한 이를 임의로 변경할 수 없다. 이처럼 오픈소스 기반의 투명한 운영 방식은 비트코인 네트워크의 신뢰성을 보장하는 중요한 요소다.

비트코인 네트워크에서 노드의 가장 중요한 역할은 장부의 보유이다. 비트코인 결제자나 수신자는 자신의 트랜잭션을 네트워크에 전파하고 싶어 하며, 채굴자는 블록을 생성해 보상을 받기를 원한다. 이 모두는 장부에 블록을 추가하는 것으로 달성된다. 하지만, 네트워크를 구성하는 노드가 따르는 비트코인 프로토콜을 어기는 경우, 그 어떤 것도 장부에 추가할 수 없다. 이러한 구조 덕분에 모든 참여자는 자연스럽게 비트코인 프로토콜을 준수하게 된다.

비트코인 코어가 오픈소스라는 점은 잠재적 위험 요소로 보일 수도 있다. 누구나 프로그램 코드를 확인하고 변경할 수 있기 때문에, 이를 악용해 악의적인 노드를 운영할 가능성이 있기 때문이다. 그러

- ◆ 비트코인은 트랜잭션을 검증할 때 비트코인 주소의 잔고를 검증하는 대신 UTXO (Unspent Transaction Output, 미사용 잔고) 라는 모델을 채택하여 잔고를 검사한다. 다만 UTXO라는 개념이 복잡하게 느껴질 수 있음으로 편의를 위해 주소의 잔고 검증이라는 표현을 사용하였다. 더 자세히 알고 싶은 경우 UTXO에 대해 학습해보기를 권한다.

나 비트코인은 분산 네트워크 구조를 기반으로 하므로, 대다수의 정상적인 노드가 프로토콜을 준수하는 한 악의적인 시도는 효과를 거둘 수 없다. 정상적인 노드들은 비정상적인 행동을 감지할 경우 이를 즉시 차단하거나 네트워크에서 배제할 수 있다.

예를 들어, 2025년 기준 블록 보상이 3.125 BTC일 때, 한 악의적인 채굴자가 채굴 프로그램의 코드를 변경하여 블록 보상을 50 BTC로 설정했다고 가정해보자. 그는 자신이 운영하는 노드의 프로그램 코드도 수정하여 50 BTC의 보상이 정상적인 것으로 인식되도록 만들 수 있다. 그러나 네트워크의 다른 모든 정상적인 노드들은 프로토콜 규칙에 어긋난 블록을 즉시 감지하고 폐기한다. 결국, 이 채굴자는 채굴 성공 후 받을 수 있는 정당한 3.125개의 BTC 보상조차 받을 수 없으며, 악의적인 블록을 전파한 노드는 차단 점수Ban Score를 부여받아 네트워크에서 배제될 수 있다.

이 사례는 분산된 노드들의 협력으로 인해 일부 노드의 악의적인 행동을 효과적으로 방어할 수 있음을 보여준다. 비트코인 네트워크의 모든 노드가 변경된 프로토콜을 따르지 않는 한, 일부 악의적인 노드가 네트워크에 영향을 미칠 방법은 없다.

그렇다면, GitHub에 공개된 비트코인 코어의 프로그램 코드에 악의적인 내용을 추가하고, 이를 모든 노드가 다운로드하도록 만들면 어떻게 될까? 그러나 이는 현실적으로 불가능에 가깝다. 그 이유는 다음 섹션에서 자세히 다룰 것이다.

비트코인 프로토콜의 유지·보수 및 배포

비트코인 네트워크의 근간이 되는 것은 비트코인 코어Bitcoin Core 이다. 비트코인 코어는 비트코인 프로토콜의 실제 구현체로, 모든 비트코인 노드가 이를 실행하며 네트워크를 유지한다. 그렇다면 이 중요한 소프트웨어의 코드는 누가 작성하고, 유지·보수하며, 배포할까? 먼저 이를 살펴보겠다.

비트코인 코어는 완전히 공개된 GitHub에서 개발된다. 전 세계 누구나 코드에 접근할 수 있으며, 누구든 비트코인 코어 개발에 기여할 수 있다. 하지만 단순히 코드 변경을 제안한다고 해서 곧바로 반영되는 것은 아니다.

비트코인 코어의 코드를 수정하고자 하는 개발자는 먼저 GitHub에 공개된 최신 비트코인 코어의 프로그램 코드를 자신의 컴퓨터에 다운로드하여 설치한다. 이후 자신의 컴퓨터에 설치된 코드에 원하는 수정 사항을 적용하고, 충분한 테스트를 거쳐 이 코드가 정상적으로 동작하는지 검증한다. 변경된 코드가 정상적으로 작동함을 확인한 후, 개발자는 GitHub의 PR Pull Request(코드 제출) 기능을 이용해 자신의 변경 사항과 테스트 결과를 제출한다.

그러나 PR을 생성한다고 해서 코드가 곧바로 반영되는 것은 아니다. PR은 수정된 코드가 정식으로 반영되기 전, 검토를 받기 위해 GitHub의 별도 공간에서 대기하는 단계이다. PR이 제출되면 GitHub 저장소에 기록되며, 이를 검토하기 위해 개발자, 리뷰어, 테스터들이 참여할 수 있다.

이후 다른 개발자들이 PR을 검토하고, 코드의 보안성, 네트워크 안정성, 프로토콜 준수 여부 등을 평가하며, 실제로 정상적으로 동작하는지 테스트한다. 이 과정에서 핵심적인 역할을 수행하는 사람들이 리뷰어Reviewer(검토자) 와 테스터Tester이다. 리뷰어와 테스터는 공식적으로 지정되는 것이 아니라, 자발적으로 이 역할을 수행하며 점차 신뢰를 쌓아간다. 기여가 누적되면서 커뮤니티 내에서 인정을 받게 되고, 이후 PR이 올라올 때 검토와 테스트 요청을 자주 받게 되며, 점점 더 중요한 코드 변경에 대해 의견을 제시할 수 있는 영향력을 가지게 된다.

PR 외에도 BIPBitcoin Improvement Proposal이라는 제안 시스템이 존재한다. BIP는 비트코인 프로토콜의 개선을 제안하는 공식적인 문서로, 새로운 기능 추가, 프로토콜 개선, 정책 변경 등의 경우 BIP를 통해 커뮤니티 내에서 심도 있는 논의를 거친 후 변경이 결정된다. 일반적으로 BIP가 논의된 후 관련 PR이 작성되지만, 경우에 따라 PR이 먼저 제출된 후 BIP 형태로 정리되기도 한다. 또한, BIP가 항상 PR을 동반해야 하는 것은 아니며, 비트코인 관련 정책적 제안*의 경우 코드 변경 없이도 논의될 수 있다.

여러 PR이 생성되고 검토가 진행되면서, 어떤 PR을 비트코인 코어에 반영할지에 대한 논의가 비트코인 개발 커뮤니티** 내에서 활발히 이루어진다. 충분한 검토를 거쳐 승인*** 된 PR은 소수의 비트코인 코어 메인테이너Maintainer(관리자)에 의해 실제 코드로 병합Merge된다. 여러 PR이 병합된 후, 커뮤니티의 합의를 거쳐 새로운 배포 후보Release Candidate, RC가 선정되며, 엄격한 테스트를 거친다. 선정된 배포 후보에 대해 문제가 없는 것으로 판단되면 최종적으로 공식 배포Release(릴리즈)가 이루어진다.****

* 개발자들이 코드를 올리는 규칙이나 테스터들이 테스트를 하는 규칙과 같이 개발 프로세스에 대한 개선이 대표적인 예이다.
** 대표적인 비트코인 개발자 커뮤니티로 GitHub, 비트코인 포럼(https://bitcointalk.org/), 비트코인 개발자 메일링 리스트(https://groups.google.com/g/bitcoindev)가 있다.
*** PR은 리뷰어에 의해 충분한 리뷰를 받고 자동화된 테스트를 통과하는 등의 정규 프로세스를 통과해야 승인될 수 있다.
**** 사토시 나카모토가 처음 코드를 배포한 2009년 1월에 비트코인 코어는 0.1.0 버전으로 시작되었고, 이후 0.2.0, 0.3.0 등으로 버전이 점진적으로 증가했다. 2021년 9월부터는 '0.'을 생략하고 22.0 버전으로 변경되었으며, 2025년 5월 기준 최신 버전은 29.0이다.

메인테이너는 단순한 관리자가 아니라, 비트코인 코어 개발에 오랜 기간 기여하며 신뢰를 얻은 개발자 중에서 선정된다. 기존 메인테이너들과 개발 커뮤니티의 신뢰를 얻은 개발자들이 메인테이너가 될 수 있으며, 특정 단체나 기관이 이를 임의로 지정할 수 없다. 새로운 메인테이너는 기존 메인테이너들의 합의를 거쳐 추가되거나, 기존 메인테이너가 역할을 내려놓을 때 승계되는 방식으로 선정된다. 2025년 5월 기준 약 5명의 메인테이너가 존재하는 것으로 알려져 있으며, 이들은 비트코인 코어의 최종 코드 병합 및 배포를 담당하고 있다. 그러나 이들 역시 단독으로 결정을 내릴 수 있는 권한을 갖지는 않으며, 커뮤니티의 의견과 충분한 검토 과정을 거쳐야만 코드 변경 및 배포가 이루어진다.

비트코인 코어 개발에 참여하는 개발자, 리뷰어, 테스터, 메인테이너를 총칭하여 기여자 Contributor 라 부른다. 2025년 5월 기준, 비트코인 코어 프로젝트에는 약 990명의 기여자가 있으며, 이는 직접 코드 작성을 행한 개발자뿐만 아니라 리뷰, 테스트, 문서 작성 등을 수행한 사람들까지 포함한 숫자다.

비트코인 코어는 '하위호환성 Backward Compatibility'을 유지하는 것이 설계의 핵심 원칙이다. 이는 새로운 버전의 비트코인 코어가 배포되더라도 기존 버전과 함께 정상적으로 동작할 수 있도록 설계된다는 의미다. 즉, 비트코인은 네트워크 내에서 단일한 버전이 실행되는 것이 아니라, 최신 버전부터 과거 버전까지 다양한 버전의 노드가 공존하며 동작할 수 있도록 설계되어 있다. 이를 통해 네트워크의 지속성과 안정성이 보장된다.

    이러한 하위호환성 원칙과 더불어, 비트코인 노드 운영자들은 매우 보수적인 태도를 유지한다. 따라서 새로운 버전이 공식 배포되더라도 즉시 업그레이드하지 않고, 충분한 검증이 이루어질 때까지 점진적으로 채택하는 방식을 따른다. 노드 운영자들은 네트워크 안정성을 최우선으로 고려하기 때문에, 모든 노드가 동시에 같은 버전으로 업데이트되는 것이 아니라 일부 노드가 먼저 새 버전을 실행하며 실제 운영 환경에서 충분히 테스트하는 과정을 거친다.◆ 만약 새 버전에 문제가 발생하면, 영향을 받지 않은 기존 버전의 노드들은 정상적으로 운영되며, 문제가 발생한 노드 운영자들은 손쉽게 이전 버전으로 되돌아갈 수 있다.

    비트코인 코어는 단순한 소프트웨어가 아니라, 전 세계 개발자들과 노드 운영자들이 함께 유지하는 개방형 프로젝트다. 누구나 참여할 수 있지만, 신뢰를 얻지 않으면 중요한 역할을 맡을 수 없으며, 철

◆ 이러한 점진적 채택의 과정 또한 누군가의 지휘에 의한 것이 아닌 노드 운영자의 자발적 참여에 의해 이루어진다. 노드 운영자들은 대부분 비트코인의 핵심 설계 원칙이나 철학에 대한 이해도가 매우 높다.

저한 검토와 점진적인 업데이트 과정 덕분에 보안성이 유지된다. 따라서 비트코인 코어는 악의적인 코드가 포함되기 어려울 뿐만 아니라, 설령 포함되더라도 비트코인 네트워크를 망치는 것은 현실적으로 불가능한 구조를 가지고 있다. 자세한 내용은 다음 섹션에서 계속해서 다룰 것이다.

비트코인 코어에 악의적인 코드가 배포되기 어려운 이유

비트코인 코어의 코드가 어떻게 개선되고 관리되며 배포되는지를 앞서 살펴보았다. 이제 이 과정에서 발생할 수 있는 의문을 하나씩 해소해보자.

먼저, 개발자가 PR을 생성하면서 악의적인 코드를 삽입하면 어떻게 될까? 이론적으로 PR에 악의적인 코드가 포함될 가능성은 있지만, 비트코인 코어의 개발 과정은 완전히 공개된 GitHub에서 이루어지며, 모든 코드 변경 사항은 철저한 검토와 테스트를 거친다. PR이 제출되면 리뷰어, 테스터, 메인테이너를 포함한 다수의 개발자가 이를 검토하며, 보안성, 네트워크 안정성, 프로토콜 준수 여부 등을 면밀히 살핀다. 이 과정에서 악의적인 코드가 포함된 경우 즉시 거부되거나 수정 요청을 받게 된다.

비트코인 커뮤니티의 핵심 기여자들은 대부분 오랜 기간 기여하며 신뢰를 쌓아온 개발자들로 구성되어 있다. 또한, 이들 중 상당수는 BTC를 보유하고 있어 비트코인의 안정성과 신뢰성을 유지하는 것이 자신들의 이익과도 직결된다. 따라서 비트코인의 보안을 해치는 악의적인 코드를 의도적으로 승인할 이유가 거의 없으며, 오히려 이를 방어하기 위해 더욱 철저하게 검토한다. 설령 악의적인 코드가 병합되었다 하더라도, GitHub의 코드 변경 내역은 완전히 공개되어 있어 커뮤니티가 이를 감지하고 경고할 가능성이 매우 높다. 일부 메인테이너를 매수하여 악의적인 코드를 삽입하려는 시도를 하는 것도 모두가 모든 변경사항을 추적할 수 있는 오픈소스 기반 프로젝트에서는 현실적으로 불가능하다.

그럼에도 불구하고 악의적인 코드가 코드 검토 과정을 우회하여 병합되어 공식 배포되었다고 가정해보자. 비트코인 노드 운영자들은 새로운 버전을 즉시 채택하지 않고, 충분한 검증이 이루어질 때까지 점진적으로 도입하는 방식을 따른다. 즉, 새로운 버전이 공식 배포된다고 해서 모든 노드가 즉시 업그레이드하는 것이 아니라, 일부 노드가 먼저 새 버전을 실행하며 실제 운영 환경에서 테스트를 진행한다. 따라서 악의적인 코드가 포함된 버전이 공식 배포되더라도 네트워크 전체에 즉각적인 영향을 미치지 않고, 일부 노드에서만 실행될 가능성이 크다. 만약 새 버전에서 문제가 발견되면 커뮤니티에서 이를 공개적으로 논의하고 신속히 대응할 수 있으며, 문제가 발생한 노드 운영자들은 이전 버전으로 쉽게 되돌릴 수 있다.

또한, 개발자, 테스터, 리뷰어, 메인테이너 중 누구도 비트코인 코어에 대한 절대적인 권한을 가지지 않는다. 악의적인 코드를 삽입한 사실이 드러나거나 심각한 의심을 받는 경우, 해당 인물은 비트코인 커뮤니티에 의해 즉시 배제될 수 있다.

코드 자체를 변조하는 것이 어렵다면, 코드가 저장된 GitHub이 공격받을 가능성은 없을까? 예를 들어, 특정 정부나 기관이 GitHub을 차단하거나, GitHub 운영진이 비트코인 코어 저장소를 삭제하면 어떻게 될까? 하지만 이 역시 비트코인의 안정성을 위협하지 못한다. 비트코인 코어 코드는 단순히 GitHub에만 저장되는 것이 아니라, 수많은 개발자의 개인 PC와 다양한 사이트에 복제되어 있다. 만약 GitHub에서 비트코인 코어 저장소가 삭제되더라도, 개발자들은 새로운 저장소를 만들어 유지보수를 이어갈 수 있다. 전 세계에 흩어진 개발자들의 PC에 저장된 비트코인 코어를 동시에 삭제하지 않는 이상, 비트코인 코어의 코드가 완전히 사라지는 것은 사실상 불가능하다.

한 가지 추가로 고려해야 할 점은, 비트코인 네트워크를 운영하는 소프트웨어가 비트코인 코어만 있는 것이 아니라는 사실이다. 알려진 바로는 95% 이상의 노드가 비트코인 코어를 실행하고 있지만, 일부 노드는 다른 소프트웨어를 사용하기도 한다. 예를 들어, Btcd, Bcoin, Libbitcoin, Knots 등의 대체 프로그램이 존재하며, 이들은 비트코인 코어와 호환되지만 일부 기능이나 정책이 다를 수 있다. 따라서 설령 비트코인 코어에 문제가 발생하더라도, 네트워크 자체가 중단되는 것은 아니다.

결과적으로, 비트코인 네트워크는 설계적으로 악의적인 코드의 삽입과 배포를 차단하는 강력한 구조를 갖추고 있다. 완전히 공개된 개발 프로세스와 철저한 검토 과정, 보수적인 노드 운영 방식, 그리고 다양한 클라이언트의 존재는 악의적인 코드가 비트코인 네트워크 전체에 영향을 미치는 것을 근본적으로 차단한다.

비트코인 프로토콜의 불변성과 가변성

앞서 설명한 바와 같이, 비트코인의 코드를 누군가 임의로 수정하거나 악의적으로 배포하는 것은 현실적으로 불가능하다. 이제 비트코인 프로토콜이 가진 가장 핵심적인 특징 중 하나인 불변성과 가변성에 대해 살펴보겠다. 이 두 개념은 상반되는 것처럼 보이지만, 각각이 적용되는 대상이 다르기 때문에 불변성과 가변성을 동시에 가질 수 있다.

먼저, 비트코인의 불변성은 절대 변할 수 없는 핵심 원칙에 적용된다. 대표적으로 총 발행량 2,100만 개, 약 4년마다 발생하는 반감기, 채굴자가 작업 증명 Proof of Work 을 수행해야 BTC를 얻을 수 있는 방식 등이 이에 해당한다. 이러한 요소들은 비트코인의 근본적인 설계이며, 이를 변경하려면 비트코인 네트워크를 운영하는 수많은 노드와 사용자들의 동의를 받아야 한다. 하지만 이는 사실상 불가능하다.

비트코인의 불변성이 얼마나 강력한지를 보여주는 대표적인 사례가 2015년부터 몇 년간 지속된 '블록 사이즈 전쟁 Block Size War'이다. 이 과정에서 비트코인의 핵심 철학을 유지하려는 스몰 블로커 Small Blocker 와, 블록 크기를 늘려 거래 처리량을 높이려는 빅 블로커 Big Blocker 간에 치열한 논쟁과 갈등이 벌어졌다. 스몰 블록커는 비트코인 장부의 핵심 설계인 작은 블록이 유지되어야 한다는 신념을 갖는 사람들 및 진영을 통칭하며, 빅 블록커는 블록의 크기를 늘려서 다양한 사용자층과 기업들을 빠르게 끌어들여야 한다는 사람들 및 진영을 통칭한다. 그러나 블록 크기를 유지하려는 스몰 블로커들이 승리하면서, 비트코인의 철학과 기본 원칙은 변하지 않고 유지될 수 있었다. 이 사건을 통해 비트코인 프로토콜을 변경하는 것이 얼마나 어려운지 명확히 드러났으며, 이후 비트코인 네트워크는 더욱 강력한 불변성을 갖게 되었다.

그러나 비트코인은 단순히 변하지 않는 시스템이 아니라, 필요한 경우 변화할 수 있는 유연성 또한 가지고 있다. 비트코인 프로토콜은 소프트웨어 코드로 구성되어 있기 때문에 가변성을 가지며, 프로토콜이나 노드 코드에서 발견되는 버그 수정, 성능 최적화, 보안 강화 등의 개선이 필요할 경우 코드 업데이트를 통해 변경될 수 있다. 특히, 비트코인의 가치를 위협하는 심각한 보안 문제가 발생하면 이에 대한 대응은 신속하게 이루어진다.

예를 들어, 양자컴퓨터의 발전은 비트코인의 보안에 대한 잠재적 위협 요소로 자주 언급된다. 양자컴퓨터가 현재의 암호학적 보안 체계를 무력화할 수준으로 발전할 경우, 비트코인의 보안에도 영향을 미칠 가능성이 있다. 그러나, 양자컴퓨터가 실제로 그러한 수준에 도달할 수 있는지는 아직 불확실하다.

> **양자컴퓨터**
>
> 양자역학의 원리를 이용하여 기존의 컴퓨터보다 일부 연산에 대해 매우 빠르게 수행할 수 있는 차세대 컴퓨터이며, 이 컴퓨터가 개발되면 개인키 기반으로 동작하는 디지털 서명 관련 암호 체계를 무력화시킬 수 있을 것이라 예상된다. 다만 이 컴퓨터가 암호 체계를 무력화시킬 수 있을 만큼 발전할 수 있는지 자체가 아직 미지수이다.

또한, 설령 그러한 상황이 발생하더라도, 비트코인 개발자들은 기존의 양자 내성 암호Post-Quantum Cryptography, PQC 기술을 비트코인 코어 코드에 적용하고 새로운 버전을 배포할 수 있다. 이후, 노드 운영자들이 이를 채택하면 비트코인 네트워크는 보안을 유지하며 지속적으로 운영될 수 있을 것이다.

> **양자 내성 암호(Post-Quantum Cryptography, PQC)**
> 양자컴퓨터가 발전할지라도 무력화되지 않고 안정성을 유지할 수 있도록 설계된 암호 체계

하드포크와 소프트포크

비트코인 프로토콜[*]을 변경하는 방식에는 하드포크Hard Fork와 소프트포크Soft Fork 두 가지가 있다. 두 방식 모두 네트워크에 변화를 가져오지만, 적용 방식과 네트워크에 미치는 영향이 다르다.

하드포크는 기존 규칙과 호환되지 않는 방식으로 프로토콜을 변경하는 것을 의미한다. 하드포크가 발생하면, 새로운 소프트웨어를 실행하는 노드와 기존 버전을 유지하는 노드 간의 호환성이 깨지며 네트워크가 분리될 수 있다. 예를 들어, 블록 크기를 1MB에서 2MB로 증가시키는 변경이 하드포크 방식으로 이루어지면, 기존 규칙을 따르는 노드는 새로운 블록을 유효한 것으로 인정하지 못해 네트워크

[*] 이 문맥에서의 프로토콜은 비트코인 코어 프로그램의 코드를 의미한다.

에서 단절된다. 이러한 방식은 기존 노드들과의 연결을 깨트리기 때문에, 비트코인은 하드포크를 철저히 지양하며, 불가피한 경우가 아니라면 절대로 사용하지 않는다. 실제로 비트코인 코어의 프로그램 코드가 하드포크된 사례는 없다.

반면, 소프트포크는 기존 규칙과 하위 호환성을 유지하는 방식으로 네트워크를 업그레이드하는 방법이다. 소프트포크를 통해 도입된 새로운 규칙은 기존 노드에서도 유효한 것으로 인식되므로, 네트워크의 연속성이 유지된다. 예를 들어, 2017년 적용된 세그윗 Segregated Witness, SegWit은 블록 내 트랜잭션 서명 데이터를 분리하여 블록 용량을 효율적으로 활용할 수 있도록 만든 업그레이드로, 소프트포크 방식으로 적용되었기 때문에 업그레이드를 하지 않은 기존 노드들과 새 버전의 노드들이 조화롭게 동작할 수 있었다. 이처럼 비트코인은 네트워크의 일관성을 유지하면서도 필요한 개선 사항을 적용하기 위해 가능한 한 소프트포크를 선호한다.

하드포크는 네트워크를 분열시킬 위험이 있으며, 예상치 못한 문제를 초래할 가능성이 높다. 새로운 버전의 코드에 버그나 보안 취약점이 있을 경우, 기존 장부의 블록들과의 연결이 끊어지므로 돌아갈 수 없어 문제 해결이 극도로 어려워진다. 반면, 소프트포크는 하위 호환성을 유지하므로 문제가 발생하더라도 기존 버전의 노드에 의해 그

대로 운영이 가능하다. 이러한 이유로 비트코인은 정말 불가피한 경우가 아니라면 하드포크를 하지 않는 것이 원칙이다.

또한, 하드포크의 발생은 네트워크가 중앙화된 의사결정 구조를 따르고 있을 위험을 시사한다. 하드포크가 성공하려면 거의 모든 노드가 동시에 변경된 프로토콜을 받아들이고 실행해야 하는데, 이는 심각한 보안 위협과 같은 극히 예외적인 상황이 아니라면 탈중앙화된 네트워크에서 합의된 후 일사불란하게 실행되기 어렵다. 따라서 특정 알트코인에서 하드포크가 자주 발생한다면, 해당 네트워크가 이미 중앙화된 통제 구조 아래 놓여 있을 가능성이 높다고 볼 수 있다.

역사적으로 비트코인 코어에서는 하드포크가 발생한 적이 없다. 2013년, 소프트웨어 버그로 인해 장부가 일시적으로 분리된 사례가 있었으나, 이는 의도적인 하드포크가 아니라 코드 오류로 인해 발생한 사고였다. 이 사건 이후, 비트코인 개발자들은 하드포크가 아닌 소프트포크를 통해 프로토콜을 변경하는 것이 기본 원칙이라는 점을 더욱 확고히 했다.

추가 논의 사항

이 파트에서는 비트코인의 전체적인 동작 과정을 누구나 이해할 수 있도록 설명했다. 그렇기 때문에 많은 부분이 생략되고 단순화되었다.

먼저, 비트코인 네트워크에서 노드는 단 하나의 유형만 존재하는 것이 아니다. 이 책에서 설명한 노드는 흔히 풀 노드 Full Node 라 불리는, 전체 비트코인 장부를 모두 보유한 노드를 기준으로 설명하였다. 하지만 노드는 설정에 따라 특정 블록 번호 이후의 데이터만 받을 수도 있고, 극단적으로 각 블록의 앞부분(헤더 Header)만 소유하면서 특정 거래들을 검증하는 SPV Simplified Payment Verification 노드도 존재한다.

비트코인에 적용된 기술에 대한 자세한 설명은 이 책의 범위를 넘어가므로, 관심 있는 독자들은 "비트코인 백서: 개인 대 개인 전자 화폐 시스템"을 참조하기를 바란다.[22]

이 책에서는 각 노드가 어떻게 연결되는지, 구체적인 채굴 과정에서 중요한 해시 연산과 논스 Nonce 값, 난이도, 목푯값 등의 개념, 블록을 구성하는 머클 트리 Merkle Tree, 개인키와 공개키 암호화, 비트코인 월렛 주소가 생성되는 원리인 계층적 결정적 Hierarchical Deterministic 월렛, 51% 공격에 대한 수학적 증명, UTXO 등 비트코인을 심층적으로 이해하는 데 필요한 대부분의 개념을 깊이 있게 다루었다.

또한, 비트코인을 이해하기 위해 알아야 하는 다양한 지식을 총망라했으므로, 비트코인에 대한 보다 깊은 이해를 원하는 독자들에게 이 책의 일독을 권한다.

PART 5

비트코인은 정말 화폐가 될 수 있을까

Bitcoin

돈은 인간이 발명한 것 중
가장 위대한 자유의 도구 중 하나다.

"Money is one of the greatest tools of freedom
 ever invented by mankind."

- 프리드리히 하이에크(Friedrich Hayek)

    이 파트에서는 비트코인에 대한 다양한 비판과 그에 대한 현실을 살펴본다. 또한, 비트코인이란 무엇인지, 그리고 이를 어떻게 이해하고 바라보는 것이 적절한지 함께 고민해 보고자 한다.

화폐의 가치
비트코인은 내재가치가 없어 화폐가 될 수 없다?

    가치는 사람들이 각자 느끼는 만족감이나 유용성으로, 본질적으로 상대적이다. 보편적이거나 절대적인 기준으로 정의할 수 있는 개념이 아니다. 어떤 서비스나 재화(자원, 증권, 채권, 아파트 등)가 '가치를 가진다'는 말이 무엇을 의미하는지 생각해 보자. 이들의 용도는 대부분 객관적으로 특정할 수 있지만, 그로 인해 얻는 이점이나 만족감은 사람마다 다를 수 있다. 우리가 흔히 말하는 '가치'는 사실 용도가 아니라 그것이 제공하는 '효용'을 뜻한다.

    그러나 가치에 대해 논의할 때, 많은 사람들이 '용도'와 '가치'를 혼동해 혼란을 겪는다. 예를 들어, 람보르기니 자동차의 용도는 이동 수단이고, 에르메스 가방의 용도는 소지품 보관이지만, 소유자들이 느끼는 만족감과 상징적 의미는 단순한 용도를 넘어선다. 사람들이 이 물건들을 원하는 이유는 심리적 만족감과 사회적 인식에서 비롯되며, 이것이 상대적으로 느끼는 '가치'이다.

주식도 마찬가지다. 주식의 '용도'는 단순히 소유권을 나타내거나 배당을 받을 권리를 부여하는 데 있다. 반면, 주식의 '가치'는 경우에 따라 회사의 사업성과 재무제표상의 수치(매출, 영업이익, 자기자본 등)를 참고하기도 하지만, 결국 각자가 기대하는 바에 따라 다르게 평가된다. 최대주주는 주식을 통해 경영권을 얻는 것을, 일반 투자자는 가격 상승에 대한 기대를 가치로 여긴다.◆

시장 참여자들은 각자가 부여하는 가치를 바탕으로 수요와 공급을 형성하고, 그 균형점에서 가격이 결정된다. 가격은 특정 상품에 대한 수요자들의 평가를 반영하지만, 앞서 언급했듯이 모든 사람에게 적용되는 절대적이거나 보편적인 가치를 나타내지는 못한다.◆◆

◆ 주식을 소유한 주주 대부분은 주식이 오르기를 기대하지만, 각자가 부여한 주식의 가치에 따라 매수가, 매도가, 원하는 상승폭, 목표가는 모두 다를 것이다.

◆◆ 일부 사람들은 기꺼이 비싼 사치품을 구매하거나 갖고 싶어 하지만, 다른 사람들은 그 이유를 전혀 이해하지 못한다. 이는 각자가 느끼는 만족감과 부여하는 가치의 차이 때문이다.

"비트코인은 내재가치가 없어서 화폐로 쓰일 수 없다"는 주장은 비트코인이 그 자체로 내재된 가치가 없다는 점을 근거로 화폐로서의 자격을 부정한다. 하지만 이는 논리적으로 모순이다. 사람마다 다르게 평가되는 상대적 가치에 '내재'라는 말을 붙인다고 해서 그것이 절대적인 가치가 되는 것은 아니기 때문이다. 비트코인은 분명한 가치를 가진다. 희소성과 검열 저항성을 갖춘 최초의 디지털 화폐로, 누구나 중앙의 통제 없이 자유롭게 거래할 수 있다. 이러한 특성 덕분에 수많은 사용자, 노드 운영자, 채굴자 그리고 심지어 투기 세력까지도 비트코인의 가치를 인정하고 있으며, 이는 달러나 원화와의 거래에서 꾸준히 상승하는 시세와 안정적인 거래량으로 증명되고 있다.

그렇다면, "비트코인은 내재가치가 없다"는 비판은 가치를 효용이 아닌 용도로 이해했기 때문에 나온 주장이라고 볼 수 있다. 이를 다음과 같이 바꿔볼 수 있다. "비트코인은 내재용도가 없어서 화폐로 쓰일 수 없다." 그러나 비트코인은 순수한 화폐성 재화로, 그 용도와 기능은 오직 화폐로 쓰이는 데 초점이 맞추어져 있다. 따라서 "용도가 없어서 화폐로 쓰일 수 없다"는 주장 또한 모순이다. 화폐는 반드시 다른 용도를 가져야 한다는 전제 자체가 잘못되었다. 역사적으로 모든 화폐가 다른 용도를 가졌던 것은 아니며, 그럴 필요도 없다.

조개껍데기, 돌, 금과 은 같은 물리적 재화가 화폐로 사용되었지만, 이들 중 일부는 산업적 용도 없이 교환의 매개체로 기능했다.* 현대의 법정화폐 역시 지폐와 동전 자체는 종이와 금속 조각에 불과하지만, 화폐로 기능하고 있다. 심지어 우리가 사용하는 대부분의 화폐는 단순한 디지털 숫자일 뿐이지만 화폐로 널리 사용 중이다. 따라서 순수한 화폐성 재화는 충분히 존재할 수 있으며, 반드시 다른 용도를 가져야 하는 것은 아니다.

비트코인의 효용은 가치를 저장하고, 교환을 원활하게 하며, 회계 단위로 쓰이는 화폐의 기능에서 비롯된다. 법정화폐가 국가의 법적 강제력과 제도를 통해 사용되고 있다면, 비트코인은 희소성과 검열 저항성을 기반으로 자연스럽게 시장에서 채택되고 있다. 법정화폐도 본질적으로 순수한 화폐성 재화이며, 비트코인도 마찬가지다. 다만 차이점은 비트코인은 강제력 없이 시장에서 자발적으로 선택받고 있다는 것이다.

- 금이 반도체 등의 산업에서 사용되기 때문에 화폐로 쓰일 수 있었다는 주장이 있지만, 이는 역사적 사실과 맞지 않는다. 금이 화폐로 사용되던 시기의 대부분은 반도체가 존재하지 않았으며, 금의 산업적 용도는 현대에 들어서야 본격적으로 생겨났다. 또한, 금이 장신구의 용도를 가지고 있기 때문에 가치가 있고 화폐로 사용될 수 있었다는 주장도 선후관계가 잘못된 것이다. 금이 먼저 희소성과 변하지 않는 성질로 인해 가치를 인정받았고, 이에 따라 사람들이 금을 소유하고 싶어 한 결과에 따라 장신구로 활용된 것이지, 장신구로 사용할 수 있었기 때문에 가치가 부여되고 화폐로 쓰인 것이 아니다.

"법정화폐는 순수한 화폐성 재화이지만, 국가가 이것의 가치를 뒷받침하기 때문에 화폐로 쓸 수 있다"는 주장도 가능할 것이다. 그런데 여기서 말하는 '가치'란 무엇을 뜻하는가? 국가가 어떤 방식으로, 무엇을 뒷받침한다는 의미일까? 이를 이해하기 위해 법정화폐와 관련된 법령과 규정을 살펴보자. 한국은행법 제47조에서는 한국은행이 화폐 발행의 독점권을 가진다고 규정하고, 제48조에서는 원화가 모든 거래에서 무제한 통용됨을 명시하고 있다. 또한, 다양한 세법은 국민이 세금을 원화로 납부하도록 유도하며, 형법 제207조에는 통화 위조에 대한 처벌 규정이 담겨 있다. 이러한 법 조항들은 원화가 국내에서 유일한 법정화폐로 기능하도록 강제하지만, 원화의 구매력을 유지하는 방법에 대해서는 명확히 정의하지 않는다. 단지 '물가 안정', '경제의 건전한 발전', '효율적인 통화신용정책'과 같은 추상적인 표현만 있을 뿐이다.

원화의 구매력

화폐로 구매할 수 있는 재화와 서비스의 양

만약 원화가 지속적으로 사용되는 것 자체를 가치라고 생각한다면, 국가의 법적 뒷받침 덕분에 그 가치는 아직까지 잘 유지되고 있다고 볼 수 있다. 그러나 원화의 구매력이 유지되는 것을 가치라고 본다면, 이에 대해서는 회의적일 수밖에 없다. 예를 들어, 짜장면 한 그릇의 평균 가격이 1970년에는 100원이었지만, 1990년에는 1,073원, 2010년에는 3,945원, 그리고 2023년에는 6,361원으로 올랐다.[23] 이는 53년 만에 63배 이상 상승한 것이다. 가치의 기준은 상대적이지만, 이러한 데이터를 보고도 원화의 가치가 유지되고 있다고 말할 수 있을까? 판단은 각자의 몫이다.

앞서 "비트코인이 내재가치가 없어서 화폐로 쓰일 수 없다"는 주장이 형용 모순임을 확인했다. 그리고 순수한 화폐성 재화는 역사적으로 존재해 왔으며, 화폐가 반드시 다른 용도를 가져야 한다는 주장은 타당하지 않다는 점을 살펴보았다.

이제 비트코인이 실제로 화폐로 기능할 수 있는지를 검토해야 한다. 이를 위해 중요한 두 가지 질문이 있다.

> 1. 비트코인이 화폐로서 기능할 수 있는가?
> 2. 만약 화폐로 기능할 수 있다면, 향후 시장에서 보편적인 화폐로 인정될 만큼 수요와 이를 활용한 거래가 증가할 것인가?

따라서 이어지는 파트 5의 나머지 섹션에서는 비트코인이 화폐로서 적합한지, 파트 6에서는 비트코인을 어떻게 화폐로 사용할 수 있는지, 그리고 파트 7에서는 화폐가 될 만큼의 수요가 발생할 수 있는지를 살펴볼 것이다.

비트코인의 불변성
근원적 차별점

비트코인을 다른 화폐와 근본적으로 구별되게 하는 가장 중요한 차별점은 불변성이다. 이 불변성은 두 가지 측면에서 나타난다. 첫째, 비트코인 프로토콜의 핵심 요소들—통화 발행 일정, 총 통화량, 채굴을 위한 작업 증명 Proof of Work 등—은 변하지 않는다. 둘째, 비트코인의 분산 장부에 완료된 거래 내역이 변하지 않는다.

이 불변성은 어디서 나오는가? 이는 탈중앙 네트워크에서 나오며, 네트워크가 탈중앙화되었다는 것은 이 책에서 다음과 같이 정의하는 '탈중앙화의 필수요소' 네 가지가 모두 충족되었음을 의미한다.

1. 수많은 열성적인 사용자 층
2. 누구도 임의로 혹은 악의적으로 코드를 수정할 수 없는 불변하는 프로토콜
3. 장부와 프로토콜을 운용하는 수만 개의 분산·익명 노드들
4. 전 세계 각지에서 엄청난 에너지를 소모하며 경쟁을 하는 채굴자들

탈중앙이라는 단어는 종종 오해를 불러일으키는 경우가 있다. 비트코인에서의 탈중앙은 항상 네트워크를 구성하는 주체인 노드와 채굴자의 탈중앙을 의미한다.* 이에 따라 어떠한 힘 있는 주체도 비트코

◆ BTC 소유의 탈중앙을 의미하지 않으며, 소유는 철저히 자유시장을 지향한다.

인 네트워크와 BTC 소유권에 영향을 줄 수 없다. 보다 구체적으로 표현하면, 임의적인 프로토콜의 변경, BTC 사용의 검열, 완결된 트랜잭션을 취소하는 행위가 불가능하다.

미국과 같은 초강대국, 중국이나 러시아와 같은 권위주의 국가, 비트코인의 창시자인 사토시 나카모토, 비트코인을 가장 많이 소유하고 있는 상장사인 스트레티지Strategy(2025년 2월 이전 사명은 Microstrategy였다), 세계 최대 규모의 비트코인 ETF 운용사 블랙록Blockrock 등 그 누구도 비트코인의 불변성을 훼손할 수 없다. 이러한 네트워크의 탈중앙화를 통해 달성되는 불변성은 비트코인 네트워크에 근본적인 신뢰를 부여한다.

비트코인과 법정화폐를 비교해서 생각해 보자. 한국은행법에 따르면, '금융 안정에 유의', '물가 안정을 해치지 아니하는 범위에서', '시장 기능을 중시'와 같은 수식어와 함께 통화 정책의 변화와 대응을 강조한다. 이러한 법정화폐의 기본 철학은 비트코인의 불변성과 대척점에 있다.

법정화폐의 또 다른 특징은 계좌의 동결이나 압류가 가능한 것에 있다. 이는 법원, 정부 기관, 혹은 은행 직원 등의 판단에 따라 행해질 수 있다. 결국 법정화폐는 인간의 가치판단이 개입되는 돈이다. 반면, 비트코인은 가치 중립성과 검열 저항성을 갖추고 있어, 본질적으로 법정화폐와 다르다.

비트코인을 제외한 다른 코인들을 알트코인이라 부른다. 알트코인은 비트코인의 설계에서 영감을 받아 몇 가지 기능을 더하거나 빼는 형태로 개발된다. 앞서 살펴본 대로, 비트코인은 오픈소스로 누구에게나 공개되어 있다. 따라서 이 프로토콜을 수정해 새로운 코인을 만드는 것은 매우 간단하다. 그런데 코드나 프로토콜은 쉽게 다운로드 받아 복제할 수 있어도, 앞서 언급한 탈중앙화의 필수 요소 네 가지—사용자, 불변하는 프로토콜, 노드, 채굴자—를 복제하는 것은 불가능하다.◆

탈중앙화의 필수 요소 중 한 가지라도 충족되지 않으면, 탈중앙화를 달성할 수 없다. 거의 모든 알트코인은 이러한 필수 요소 중 최소 한 가지 이상이 충족되지 못한 것으로 간주해도 무방하다.◆◆ 즉, 이들은 탈중앙화가 훼손되어 불변성을 가지지 못한 코인들이다.

예를 들어, 특정 알트코인에 대해 자세히 알고 있다면, 이와 관련된 다음 질문에 대해 스스로 답을 떠올려보자. 그 알트코인을 생각할 때 떠오르는 인물이 있는가? 그 인물이 그 알트코인의 동작 근간이

◆ 코드로 구현된 비트코인 프로토콜을 그대로 복제하더라도, 비트코인의 탈중앙 네트워크에서 나오는 불변성은 복제할 수 없다.

◆◆ '거의 모든'은 상당히 완곡한 표현이다.

되는 프로토콜(코드)의 수정, 노드의 운영, 채굴* 등에 영향을 미치고 있는가? 그가 영향을 미치지 않겠다고 주장하는 것과 별개로, 실제로는 영향을 미칠 수 있는 상태인가? 혹시 자신이 투자한 코인의 창시자가 도덕적이거나 능력 있는 사람이라서 그 코인이 다른 프로젝트와 다르다고 생각하는가?

이 질문들 중 한 가지 이상 "예"로 대답할 수 있다면, 그 코인의 보유 여부에 대해 심각하게 고민해 보기를 바란다. 그 사람이 중앙화의 주체이며, 탈중앙화가 훼손된 코인은 존재의 의미가 없다. '신뢰하지 않음으로써 생기는 신뢰 Trustless Trust'는 제3자를 신뢰함으로써 발생하는 위험을 제거하여 얻게 되는 비트코인의 신뢰에 대해 잘 표현한 구문이다.

이번 섹션에서는 현존하는 모든 디지털 화폐 중 비트코인만이 유일무이한 불변성을 갖고 있으며, 이것이 법정화폐나 알트코인과 근본적인 차이를 만든다는 사실을 살펴보았다.

소유와 자유

무엇을 소유한다는 것이 무엇인지 생각해 보자. 이 책에서는 소유를 '직접 소유'와 '간접 소유' 그리고 '제3자 수탁'의 세 가지로 나누어 보았다.

직접 소유
대부분 물리적인 형태를 가진 것을 개인의 몸이나 생활 반경 안에 두고 소유하는 것을 뜻한다. 금, 반지, 목걸이, 현금 같은 것을 몸에 소지하거나 집 등에 보관하는 것을 생각하면 된다.

간접 소유
개인이 소유한 것을 다른 주체가 증서나 기록을 통해 증명해 주는 것을 뜻한다. 등기를 통한 부동산 소유, 등록을 통한 자동차 소유가 대표적이다. 이는 장부에 기록되는 것으로, 부동산은 등기부등본에, 자동차는 자동차등록원부에 기록된다. 위와 같은 실물 자산에 대한 장부의 관리는 소유권과 점유의 일치를 보장하지 못한다. 장부상 내 집이나 자동차라 하더라도, 다른 누군가가 점유할 수 있다. 이런 일은 실제로 종종 발생한다.✦✦

제3자 수탁
수탁은 개인이 소유한 것을 다른 주체에게 맡기는 것을 말한다. 예를 들어, 거래소에 예치된 비트코인, 은행이 보유하는 예금, 한국예탁결제원이 보유하는 주식✦✦✦등을 떠올리면 된다. 다수의 사용자가 상호 콘텐츠를 확인할 수 있어야 하는 인터넷 기반 디지털 플랫폼의 경우, 거의 대부분이 각자의 데이터를 제3자 수탁하여 보관한다. 유튜브의 비디오 클립, 인스타그램의 사진, 카카오톡의 사진 및 대화, 온라인 게임 아이템 등을 생각하면 이해가 쉬울 것이다.

직접 소유는 어떤 것을 온전히 소유하는 방법이지만, 대부분 물리적인 것을 직접 가지고 있어야 하기 때문에 부피나 보관과 같은 문제로 인해 일정 규모 이상을 소유하기는 어렵다. 특히, 물리적 실체를

✦   심지어 채굴을 없애고, 코인 예치자에게 신규 코인을 발행하는 경우도 있다. 지분 증명(Proof of Stake, PoS)이라 부른다.
✦✦ 최근 유행하는 RWA(Real World Asset)라는 단어가 있다. 알트코인 기반 블록체인 장부에 실생활에서 필요한 재화의 소유권을 저장한다는 개념이다. 문제는 그 장부에 소유권이 기록돼 있더라도 법적으로 그 소유권이 인정되지 않는다는 점이다. 더욱이 그 알트코인들의 장부에 블록체인이라는 단어가 들어간다고 해서 불변성을 보장하지도 못한다. 만약 자산들의 소유권이 알트코인의 장부에 등록된 후 임의로 변경 가능한 상태가 될 수 있다면 어떤 사회적 혼란이 생길 수 있는지 고민해 봐야 한다.
✦✦✦ 증권사는 주식의 거래를 중개할 뿐이다.

가져야 하는 직접 소유의 특성상, 도난이나 파손의 위험에서도 자유로울 수 없다.

간접 소유는 대개 권력 기관이 장부를 만들어 실물 자산의 소유권을 기록하는 방식이다. 하지만 장부와 실물 자산은 별개의 것이기 때문에, 타인이 실물 자산을 점유하는 경우 소유권에 대한 분쟁이 발생할 수 있다. 이러한 분쟁은 대개 소송을 통해 해결된다. 즉, 소유권 문제를 해결하기 위해서는 장부를 유지 및 관리하는 제3의 기관뿐만 아니라, 이를 강제할 수 있는 제4의 법 집행 기관이 필요하다는 뜻이다.

간접 소유와 제3자 수탁은 결국 제3자가 소유권을 인정해 주거나, 소유를 대신 관리해 주는 방식이다. 이는 편리함을 제공하지만, 동시에 제3자 리스크가 있음을 의미한다. 구체적으로, 제3자가 정해 놓은 규칙이나 가치 판단에 따라 소유권을 부정당할 위험이 있다. 심한 경우에 제3자 수탁은 수탁 기관이 파산을 선언하면서, 수탁하고 있는 것을 잃어버렸다고 주장할 수도 있다.[✦]

보통 제3자는 정부기관이나 신뢰성 높은 기업인 경우가 많기 때문에, 안정적인 국가에서 생활하는 사람들은 이러한 위험을 크게 인식하지 못할 수 있다. 반면, 정치적 상황이 불안정한 국가에서 사는

> ✦ 세계적인 암호화폐 거래소인 FTX는 2022년 파산선언 직후 '우연히' 약 4억 달러 상당의 암호화폐가 해킹으로 유출되었다.

사람들은 이 위험을 실질적으로 경험하거나 심각하게 느끼는 경우가 많다.

국가에 의해 개인의 소유권이 침해된 몇 가지 사례를 살펴보겠다.

1933년, 루즈벨트 대통령 재임 기간에 발령된 행정명령 6102호 Executive Order 6102는 개인과 민간 기관이 보유한 금과 금 교환 증서를 강제로 모두 매각하도록 요구했다. 5온스를 초과하는 금을 소유하는 행위는 불법으로 규정되었으며, 위반 시 최대 10년형에 처할 수 있었다. 이를 통해 정부는 개인이 보유한 상당량의 금을 강제로 매수하였다.

2022년 캐나다에서는 코로나19 백신 의무화 정책에 반대하며 트럭 운전자들이 시위대 Freedom Convoy를 조직하였다. 시위의 규모가 커지고 한 달 이상 지속되자, 저스틴 트뤼도 총리는 비상사태법 Emergencies Act을 발동하였다. 이 조치로 인해 시위에 참여하거나 시위대에 기부한 사람들의 은행 계좌가 동결되었다.

2022년, 러시아가 우크라이나를 침공하자 미국과 유럽연합을 비롯한 여러 국가들은 러시아 부유층의 해외 계좌를 동결하고, 부동산과 요트 등 고가의 자산을 압류하였다.

한국의 경우, 개인의 소유권에 대한 침해 가능성을 암시하는 법 조항을 한 가지 살펴보자.

한국의 외국환거래법 제6조 2항에 따르면, "기획재정부 장관은 천재지변, 전시·사변, 국내외 경제사정의 중대하고도 급격한 변동, 그 밖에 이에 준하는 사태가 발생"한 경우, "부득이하다고 인정"되면 다음과 같은 조치를 할 수 있음을 명시하고 있다.

> "지급수단 또는 귀금속을
> 한국은행·정부기관·외국환평형기금·금융회사 등에
> 보관·예치 또는 매각하도록 하는 의무의 부과"

여기서 지급수단에는 외국 주식, 외화 예금 등이 포함된다. 요약하자면, 국가가 부득이한 경우 각 개인이나 법인이 소유한 외화 자산을 강제로 매각하게 하여, 이를 국가의 외환보유고로 귀속시킬 수 있다는 것을 의미한다.

이전에 살펴본 사례나 법을 통해 소유에 대해 다시 한번 생각해 보자. 이 사례들은 매우 극단적인 경우라 볼 수 있다. 그러나 여기서 말하고자 하는 핵심은, 개인의 소유권에 대한 침해가 개인의 의사와 무관하게 일어날 수 있다는 점이다. 무엇인가를 온전히 소유한다는 것은, 그 소유에 대한 선택권이 오롯이 소유자 자신에게 있을 때만 가능하다.

그러나 온전한 소유만으로는 충분하지 않다. 이전에 살펴본 불법화, 몰수, 동결 등은 매우 적극적인 형태의 소유권 침해로 볼 수 있다. 반면, 자산의 희소성을 희석시켜 가치를 떨어뜨리는 은근한 방식도 존재한다. 이를 국내 게임 아이템의 사례를 통해 살펴보자.

엔씨소프트의 인기작인 리니지M에서는 사용자 간에 게임 아이템을 거래할 수 있으며, 아이템의 수요와 공급에 따라 시세가 결정된다. 그런데 어느 날 게임 내 이벤트로 인해 희귀 방어구가 대량으로 유입되는 일이 발생했다. 그 결과, 해당 방어구의 시세가 20~40% 하락하였고,[24] 이를 소유하던 사용자들은 자신이 보유한 게임 내 자산의 가치 하락으로 인해 피해를 입게 되었다.

이와 같은 사례는 단지 게임에만 국한된 일이 아니다. 우리가 소유한 법정화폐 시스템에서도 인플레이션을 통해 계속해서 발생하고 있는 일이다.

비트코인은 인터넷 기반 디지털 환경에서 개인이 온전하게 직접 소유할 수 있는 유일한 돈이다. 비트코인 네트워크의 장부에 기록된다는 점에서 간접 소유라 생각할 수도 있지만, 이는 사실이 아니다. 비트코인의 장부는 자연의 법칙처럼 프로토콜에 따라 작동하기 때문이다. 우리가 물리적 자산을 직접 소유할 때, 그것이 물리 법칙을 따른다고 해서 이를 간접 소유로 여기지 않는 것과 같은 원리다.◆

BTC의 소유 여부는 비트코인 장부에 의해 결정된다. 소유자는 개인키를 소유함으로써 BTC의 소유권을 가진다. 이 과정에서 제3의 혹은 제4의 기관은 필요하지 않다.

게다가 비트코인은 개인이 직접 소유하면서도 도난이나 훼손의 위험으로부터 자유롭다.◆◆ 제3자에게 맡기거나 의존할 필요도 없다. 물리적 실체가 없기 때문에 개인이 소유할 수 있는 양에 제한이 없다. 또한, 비트코인은 무기명 자산이므로 특정인이 얼마나 소유하고 있는지 파악하기 어렵다.

어떤 법을 통해 소유를 제한하려 해도, 소유자에게 실질적인 위협을 가하기는 어렵다. 뿐만 아니라, 비트코인의 희소성을 훼손해 가치 하락을 유발하는 것도 불가능하다.

돈의 온전한 소유는 자유의 필요 조건이다. 돈이 자유를 부여하지는 않지만, 돈 없이는 자유를 누릴 수 없다는 뜻이다. 만약 돈이 누군가에 의해 임의로 동결되거나, 빼앗기거나, 그 가치가 희석될 수 있

◆ 내 주머니에 들어있는 돈은 주머니가 소유한 것이 아니라 내가 소유한 것이다.
◆◆ 각자가 개인키를 잘 관리함을 전제한다.

다면, 그 돈은 진정한 의미에서 자신의 것이 아니다. 의식주와 기본 생활에 필수적인 돈을 온전히 소유하지 못한다면, 현실적으로 자유롭게 살아가는 것은 거의 불가능하다. 결국, 돈이 제약을 받는 만큼 자유도 제한된다.

자유로운 돈은 개인에게 더 많은 선택권을 제공하고, 삶의 가능성을 확장하는 역할을 한다. 경제학자이자 정치철학자인 프리드리히 하이에크는 이를 다음과 같이 표현했다.

> "돈은 인간이 발명한 것 중
> 가장 위대한 자유의 도구 중 하나다."

비트코인은 단순한 결제 수단을 넘어, 개인의 자유와 선택권을 확장하는 도구로 자리 잡았다.

좋은 화폐의 조건을 통해 보는 비트코인

먼저 좋은 화폐의 조건과 비트코인의 고유한 특성을 결합하여, 화폐로서의 비트코인에 대해 살펴보겠다.

파트3의 세 번째 섹션인 돈의 기능과 좋은 돈의 조건에서 논의했던 좋은 화폐의 조건은 희소성, 내구성, 대체 가능성, 이동성, 분할성, 검증 가능성, 역사성의 7가지였다. 여기에 비트코인이 다른 화폐와 차별화되는 금융 주권을 추가하여 아래와 같이 정리하였다.

> **금융 주권**
> 개인, 기업, 또는 국가가 외부의 간섭 없이 자신의 금융 시스템과 자산을 독립적으로 관리하고 통제할 수 있는 권리

설명에 앞서, 다음의 모든 특징은 비트코인이 불변성을 가진다는 전제를 기반으로 한다. 불변성을 가지지 않은 돈*은, 아래의 속성들을 갖추고 있더라도 언제든 변할 가능성이 있기 때문에, 이를 논의하는 것은 큰 의미가 없다.

희소성
비트코인은 지구상에 존재하는 자원 중 유일하게 절대적인 희소성을 가진다. 2,100만 개로 수량이 제한되어 희소할 뿐만 아니라, 미리 정해진 일정에 따라 발행되어 통화 정책의 예측 가능성을 제공한다. 또한, 수요가 아무리 높아지더라도 공급량은 변하지 않는 공급 비탄력성을 갖는다.

내구성
비트코인은 디지털 화폐이기 때문에, 닳거나 훼손되지 않는다. 따라서 물리적 실체를 가진 어떤 화폐보다도 내구성이 뛰어나다.

대체 가능성
비트코인은 디지털 화폐이기 때문에, 어떤 1BTC도 다른 1BTC와 정확히 동일한 가치를 가진다. 금이나 은과 같은 상품화폐는 완벽히 동일하게 규격화하는 것이 어렵기 때문에, 비트코인이 보다 높은 수준의 대체 가능성을 제공한다. 그리고 법정화폐와는 동등한 수준의 대체 가능성을 갖는다.

이동성
BTC는 인터넷 기반의 비트코인 네트워크에 존재한다. 인터넷만 연결되면 언제 어디서든 BTC를 보내고 받을 수 있다. 인터넷은 전 세계적으로 접속 가능하므로, BTC는 현존하는 화폐 중 가장 높은 수준의 이동성을 보장한다.

분할성

1BTC는 소수점 8자리까지 분할된다. 최소 단위인 0.00000001BTC는 1사토시(Satoshi)라 불린다. BTC는 매우 작은 단위로까지 나눌 수 있어, 규모의 크고 작음에 관계없이 사용하는 데 문제가 없다.[♦♦]

검증 가능성

모두에게 공개된 장부를 통해 BTC의 전달 및 수신 여부를 확인함으로써, 돈의 진위 여부를 매우 쉽게 검증할 수 있다. 심지어 노드 소유자는 이 과정에서 제3자를 신뢰할 필요가 없다. BTC는 어떤 화폐보다도 객관적인 검증 가능성을 갖는다.

역사성

2025년 기준, 비트코인은 동작한 지 햇수로 16년이 되어 역사성이 아직 부족하다고 볼 수 있다. 그러나 모든 종류의 공격이 가능한 공개 네트워크가 2013년 이후로 11년 이상, 단 한 번도 중단되지 않고 안정적으로 동작하고 있다. 이는 비트코인 네트워크의 강건함을 판단하는 데 중요한 지표로 작용한다.[♦♦♦]

금융 주권

다음의 특징들로 인해 비트코인은 개인의 금융 주권(Financial Sovereignty)을 보장한다. 디지털 화폐로서 물리적인 실체가 없으며, 비트코인 주소를 사용해 얻어지는 무기명성은 개인의 프라이버시를 강화한다. 한 번 결제가 이루어진 돈은 되돌릴 수 없는 결제의 완결성, 누구도 사용을 막을 수 없는 검열 저항성, 그리고 돈의 사용 가능 여부에 대해 누구도 판단하지 않는 가치 중립성을 가진다.

이러한 특징들은 누구나 제약 없이 돈을 소유하고, 사용하며, 전달 받을 수 있게 한다. 비트코인은 돈의 역사상 처음으로, 개인이 그 어

[♦] 대표적으로 알트코인이 있다.

[♦♦] 2025년 5월 1사토시의 원화 가치가 약 1.4원이다.

[♦♦♦] '비트코인 네트워크는 2010년에 버그로 인하여 수천억 개의 BTC가 생성되어 이를 수정하느라 약 8시간, 2013년에 장부가 두 개로 분리되면서 이를 수정하느라 약 6시간 동안 정상 동작을 하지 않았다. 이 사건을 겪은 이후 개발 과정과 테스트 및 관리 방식이 더욱 신중해지게 되어, 2013년 이후에는 비트코인 네트워크가 한 번도 다운된 적 없다. 비트코인 다운 시간을 자세히 살펴보고 싶은 경우 다음 사이트를 확인해 보기를 바란다. https://bitcoinuptime.com/

떤 주체에도 의지하지 않고 온전히 돈을 소유할 수 있게 했다. 이러한 일련의 특징을 요약하여, 비트코인은 개인에게 금융 주권을 제공한다고 표현하였다. 금융 주권은 개인의 자유를 위한 필수 요소이며, 온전한 금융 주권은 현존하는 화폐 중 비트코인만이 갖는 특징이다.

비트코인은 좋은 돈의 조건으로 꼽히는 7가지 중, 역사성을 제외한 나머지에서 현존하는 화폐와 동등하거나 더 높은 수준을 보인다. 뿐만 아니라, 개인의 자유에 필수적인 금융 주권을 제공한다는 점에서, 기존의 모든 화폐와 비교했을 때 월등한 이점을 가진다.

화폐로서의 비트코인

앞서 파트 3에서 살펴본 것처럼, 화폐는 가치 저장의 수단, 교환의 매개, 그리고 가치의 척도라는 세 가지 기능을 수행한다. 역사적으로 금과 같은 자산은 처음부터 화폐로 사용된 것이 아니라, 사람들의 선택과 반복적인 사용을 통해 점차 화폐의 역할을 갖춰갔다.

예를 들어, 금은 초기에는 소수에 의해 가치 저장 수단으로 사용되었다. 시간이 지나 금을 보유하는 사람이 늘어나자, 금은 점차 거래에서도 받아들여지기 시작했다. 사람들은 물물교환의 불편함을 줄이기 위해, 다른 재화나 서비스와 쉽게 교환할 수 있는 중간 수단을 필요로 했고, 금은 희소성, 내구성, 분할성, 검증 가능성 등의 특성으로 이러한 조건에 잘 부합했다. 그 결과 금은 교환의 매개로 자리 잡았고, 이후에는 상품의 가격이 금 기준으로 매겨지며 가치 척도의 기능까지 수행하게 되었다.

이러한 변화는 누군가가 일방적으로 정한 것이 아니라, 오랜 시간에 걸쳐 사람들의 자발적인 수용과 신뢰의 축적을 통해 자연스럽게 이루어진 결과였다.

비트코인도 이와 유사한 경로를 따를 수 있다. 등장 초기부터 일부 사용자는 비트코인을 장기 보유 수단으로 활용해 왔으며, 특히 수년 이상 보유한 이들은 높은 수익을 경험했다. 이러한 경험은 비트코인을 가치 저장 수단으로 인식하게 만들었고, 이를 저축의 수단으로 활용하는 사람들도 점차 늘고 있다.

그러나 가치 저장 기능이 있다고 해서 곧바로 교환 수단으로 이어지는 것은 아니다. 비트코인이 교환의 매개로 자리 잡기 위해서는, 실제 결제에서 이를 받으려는 수요가 늘어나고, 일상적인 거래에서 실질적으로 사용되는 경험이 쌓여야 한다. 이러한 흐름이 충분히 확산되면, 상품과 서비스의 가격이 비트코인 기준으로 매겨지며, 가치 척도의 기능까지 수행할 수 있을 것이다.

이 가능성을 논하려면 단순한 가격 상승만으로는 충분하지 않다. 네트워크 참여자 수, 실질적인 수요, 제도적 환경 등과 같은 복합적인 요소들을 함께 고려해야 한다. 이에 대한 구체적인 내용은 파트 7에서 다룰 예정이다. 그에 앞서, 다음 섹션에서는 비트코인이 교환의 매개로서 기능하기 위해 충분히 많은 결제를 처리할 수 있는지를 살펴본다. 이를 통해 우리는 비트코인이 직관적으로 예상했던 것과는 다소 다른 결제 시스템이자 화폐라는 점을 이해하게 될 것이다.

결제 시스템으로서의 비트코인

이제 비트코인이 결제를 얼마나 처리할 수 있는지 살펴보자. 먼저, 비교적 최근인 2022년 1월 1일부터 2024년 11월 30일까지의 데이터를 보면, 블록당 평균 결제 횟수는 약 5,910건이다. 비트코인 네트워크에서 블록은 평균적으로 10분마다 하나씩 생성되므로, 초당 처리할 수 있는 결제 횟수는 약 10건 내외다.

이에 비해, 비자카드는 초당 최대 65,000건 이상의 결제를 처리할 수 있다.[25] 이는 비자카드가 비트코인 대비 초당 약 6,500배 더 많은 결제를 처리할 수 있다는 의미다.

이런 데이터를 보면 "이렇게 처리할 수 있는 결제 숫자가 적은데, 과연 비트코인이 화폐로 쓰일 수 있을까?"라는 의구심이 들 수 있다. 이는 비트코인에 대한 대표적인 회의론 중 하나다. 이제 비트코인 결제의 실체에 대해 알아보도록 하자.

먼저 알아야 할 것은 우리가 사용하는 전통적인 온라인 결제 시스템이 계층화되어 있다는 점이다. 일반적인 사용자들은 주로 하위 계층의 결제 네트워크를 이용한다.

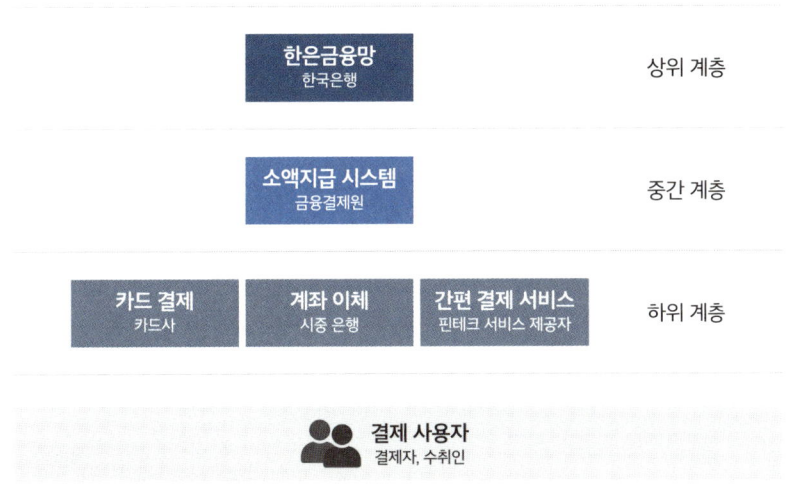

위 그림은 온라인 결제 시스템의 계층 구조를 단순화하여 나타낸 것이다.♦♦ 상위 계층에는 한국은행이 운영하는 한은금융망이 위치한다. 중간 계층에는 금융결제원이 운영하는 소액지급 시스템이 있으며, 하위 계층에는 일반 사용자가 주로 이용하는 카드 결제, 계좌이

♦ 결제 횟수는 트랜잭션 개수와는 다르다. 한 트랜잭션 안에 여러 개의 결제가 가능하다. https://www.blockchain.com/explorer/charts/n-payments-per-block의 데이터를 참조하였다.

♦♦ 한국을 기준으로 하였으며, 미국 등 다른 나라에서도 유사한 결제 계층 구조를 갖는다. 실제 결제 시스템은 이보다 복잡한데, 쉬운 이해를 위해 단순화하였다.

체, 간편결제 서비스가 포함된다.

결제 사용자가 하위 계층의 결제 시스템을 통해 결제를 시도하면, 하위 계층의 결제 시스템은 중간 계층의 결제 시스템으로 결제를 요청한다. 중간 계층의 결제 시스템은 하위 계층의 결제 요청을 모아, 주기적으로 상위 계층에서 처리되도록 요청한다.

이해를 돕기 위해 계좌 이체를 예로 들어보겠다. 결제자가 소유한 우리은행 계좌에서 수취인이 소유한 신한은행 계좌로 계좌이체가 요청되었고, 잔고 부족과 같은 이체 거절 사유가 없는 상황을 가정해 보자. 이 경우, 중간 계층에 위치한 금융결제원의 소액지급 시스템에 두 은행 간 결제가 이루어진 기록이 남는다. 이를 통해 송금액만큼 결제인의 계좌 잔고는 감소하고 수취인의 계좌 잔고는 증가하지만, 우리은행과 신한은행 사이에 돈이 즉시 이동했음을 의미하지 않는다.

이와 같은 계좌이체에 대한 설명은 돈을 입금 받은 즉시 ATM에서 인출할 수 있었던 경험과 배치되는 것처럼 느껴져, 오류가 있는 주장으로 보일 수 있다. 그러나 ATM에서 인출되는 돈은 은행이 미리 준비해둔 현금일 뿐이다. 은행은 추후 정산을 통해 타행에서 돈이 입금될 것을 예상하고, 고객이 돈을 바로 찾을 수 있도록 편의를 제공하는 것이다.

실제 은행 간 자금 이동은 매일 자정 무렵에 실행된다.* 이때 소액지급 시스템에 기록된 모든 은행 간 계좌이체 내역을 바탕으로 각 은행별 차액이 계산된다.

예를 들어, 하루 동안 다음과 같은 세 건의 계좌이체가 있었다고 가정해 보자.

> 우리은행 ➜ 신한은행: 2만 원, 3만 원(2건, 총 5만 원).
> 신한은행 ➜ 우리은행: 1만 원(1건, 총 1만 원).

이 경우, 최종적으로 우리은행에서 신한은행으로 5만 원에서 1만 원을 뺀 차액인 4만 원을 이체하면, 두 은행 간에 발생했던 모든 계좌이체가 정산된다.

이와 같은 방식으로 특정 시점에 은행 간 계좌이체의 차액을 결제하는 방식을 '지정시점 차액결제'라고 부른다. 이러한 과정을 통해 매일 모든 시중은행 간 차액 정산이 완료되는데, 이때 한국은행의 한은금융망을 활용한다. 이 시스템을 통해 은행 간 실제 자금 이동이 일어나는 것이다.

* 이로 인해 모든 은행의 점검 시간이 자정 무렵인 것이다.

위의 예에서 설명한 결제 과정은 사실 매우 단순화된 내용이다. 실제로는 같은 은행 내 결제처럼 다른 계층의 도움 없이 결제가 완료되는 경우도 있다. 또한, 하위 계층에 속하는 카드 결제나 간편결제는 큰 틀에서 계좌이체와 유사한 방식으로 결제가 진행되지만, 세부적인 과정에서는 차이가 있다. 다만, 결제 시스템을 상세히 다루는 것은 이 책의 범위를 넘어가기 때문에, 여기서는 이를 단순화하여 설명하였다.◆

위 그림에는 표현되지 않았지만, 한은금융망은 중요한 결제를 즉시 처리하기 위한 '동시결제' 서비스도 제공한다. 이 서비스는 주로 증권결제시스템이나 외환결제시스템에서 사용된다. 일반 사용자를 대상으로 한 결제가 아니기 때문에, 결제 빈도가 일반 결제에 비해 현저히 낮다. 그러나 이는 주로 기관 간 중요한 결제가 이루어질 때 활용되는 핵심적인 결제 시스템이다.

앞서 진행한 설명을 통해 결제 시스템이 계층화되어 있으며, 하위 계층에서 요청된 결제가 중간 계층에 모이고, 특정 시점에 상위 계층으로 요청됨을 확인하였다. 혹은 동시결제 서비스와 같이 중요한 결제가 상위 계층에서 이루어짐을 확인하였다. 이제 비트코인 결제에

◆ 결제 시스템에 대해 관심이 있으면, 고트프리트 라이브란트, 나타샤 드 테란. 김현정 역 (2023). 「결제는 어떻게 세상을 바꾸는가」, 삼호미디어 출판사를 참고하길 바란다.

대해 생각해 보자.

비트코인의 결제는 자유 시장의 원리를 따른다. 어떤 결제가 장부에 등록이 될지, 이 결제 시스템이 어떻게 활용될지도 시장에 의해 결정된다. 그러나 비트코인의 화폐로서의 우월성과 탈중앙화를 이룩하기 위한 미니멀한 장부 구조를 고려했을 때, 비트코인은 결제 계층 구조에서 최상위에 위치하기 적합한 화폐라 할 수 있다. 바꾸어 말하면, 비트코인은 커피나 편의점 결제와 같은 '일상 결제'를 처리하기 위한 화폐나 결제 시스템이 아니다.

일상 결제와 같이 빈번하게 이루어지는 결제는 비트코인의 결제 시스템을 계층화하는 방식으로 해결할 수 있다. 이러한 계층화의 대표적인 사례가 '라이트닝 네트워크'이며, 이에 대해서는 다음 섹션에서 다룰 것이다.

비트코인 기반 결제 계층

이번 섹션에서는 비트코인 결제의 계층구조에 대해 다룬다. 이 구조를 살펴보면, 비트코인 기반의 결제 계층만으로도 결제 네트워크를 구성할 수 있음을 알게 될 것이다. 다만, 결제 시스템으로서의 비트코인 결제 계층은 여전히 발전 가능성이 있다. 상위 계층에 있는 비트코인 네트워크는 그 고유한 특성으로 인해 계층적 위치를 공고히 유지할 가능성이 높지만, 그 아래 계층에서는 새로운 계층이 추가되거나 하위 계층에서 변화가 발생할 수 있다는 점을 미리 밝혀둔다.

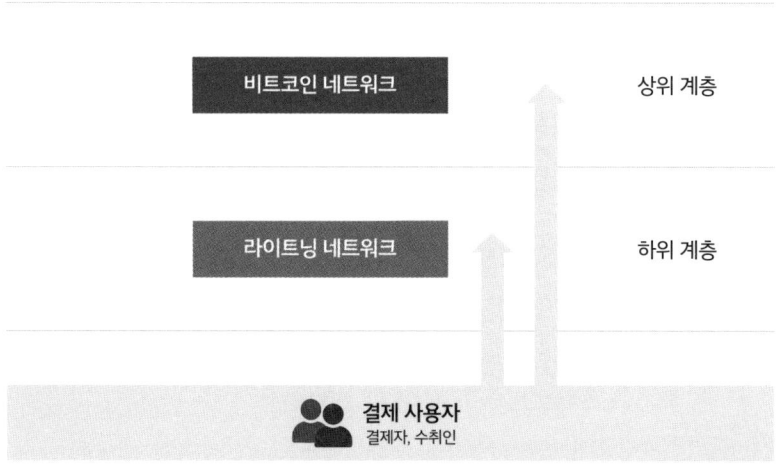

비트코인의 결제는 상위 계층인 비트코인 네트워크와 하위 계층인 라이트닝 네트워크로 구성된다.

상위 계층인 비트코인 네트워크는 이 책에서 지금까지 설명해온 계층으로, 탈중앙화된 네트워크를 기반으로 결제가 이루어지고 그 기록이 장부에 등록되는 계층이다. 앞서 설명했듯, 이 네트워크는 무허가성, 검열 저항성, 그리고 결제의 최종성을 갖춘 고신뢰 결제 네트워크이다.

하위 계층인 라이트닝 Lightning (번개) 네트워크는 결제를 이 네트워크 내에서 처리하다가, 필요한 경우 상위 계층인 비트코인 네트워크에 결제 내역을 기록하는 방식으로 작동한다. 따라서 대부분의 경우 비트코인 네트워크에 접근하지 않아도 되며, 이름에서 드러나듯 매우 빠른 결제를 가능하게 한다.

라이트닝 네트워크에서 한 건의 결제 속도는 밀리초에서 몇 초밖에 걸리지 않을 정도로 매우 빠르다. 2024년 11월 기준, 전체 라이트닝 네트워크가 수용할 수 있는 초당 결제 횟수는 최대 4,200만 건에 이른다.♦ 2025년 결제 건당 수수료는 중위값 기준으로 한화로 몇 원에 불과하다.[26]

참고로, 비자카드의 경우 한 건의 결제가 처리되는 데 약 1~3초가 걸리며, 초당 최대 6.5만 건을 처리할 수 있다. 또한 비자카드의 수수료는 결제 금액의 약 1.4%~3.5%에 이른다. 이러한 점을 고려하면, 라이트닝 네트워크는 모든 국가에서 기존 결제의 하위 계층을 대체할 수 있을 만큼 효율적임을 알 수 있다.

♦ 코인니스의 자료를 참조하였다. https://coinness.com/community/opinion/6989. 초당 결제 횟수는 이에 참여하는 노드의 수에 영향을 받기 때문에 향후 더 증가할 것으로 예상된다.

라이트닝 네트워크도 비트코인 네트워크와 마찬가지로 결제를 처리하기 위해, 탈중앙 네트워크를 구성하고 있다. 아래 그림은 라이트닝 네트워크의 구조를 보여준다.

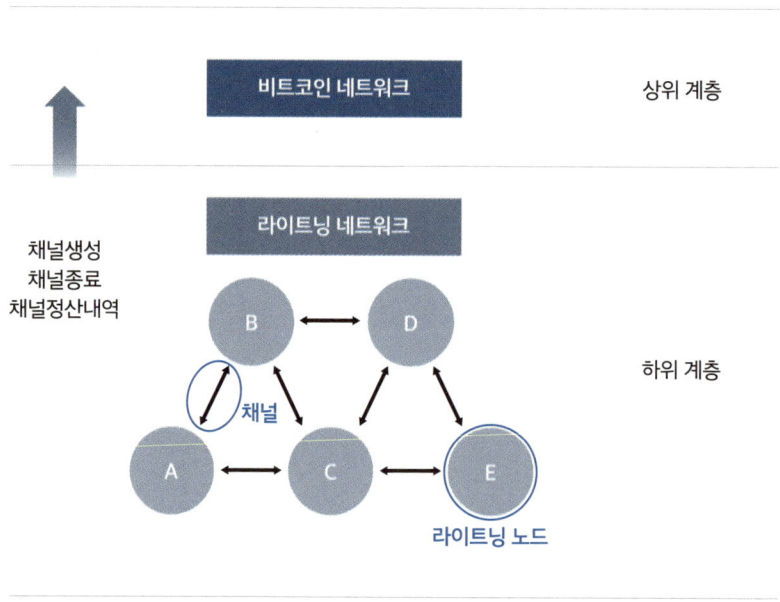

라이트닝 네트워크는 자발적으로 참여하는 컴퓨터들, 즉 라이트닝 노드로 구성된다. 라이트닝 노드는 라이트닝 네트워크에서 결제를 처리하기 위해 존재하는 분산된 컴퓨터들이다. 그림은 A부터 E까지 총 5개의 라이트닝 노드가 동작하는 상황을 나타낸다. 각 라이트닝 노드는 서로 합의하여 결제를 주고받을 수 있는 채널을 생성할 수

있다. 그림에서는 다음과 같이 채널이 생성돼 있다.

- A: B, C   • B: A, C, D   • C: A, B, D, E   • D: B, C, E   • E: C, D

라이트닝 네트워크에서의 결제는 각 라이트닝 노드가 자신과 연결된 채널을 통해 다른 노드로 결제를 전파하는 방식으로 이루어진다. 예를 들어, 라이트닝 노드 A가 라이트닝 노드 D로 결제를 시도한다고 가정해 보자. A와 D는 직접 연결되어 있지 않지만, A → B → D 또는 A → C → D 경로를 통해 결제가 이루어질 수 있다. 이 둘 중 최단 경로이면서 수수료가 가장 적은 경로가 선택되어 A에서 D로 결제가 전달된다.

라이트닝 네트워크에서는 비트코인 네트워크의 기반 기술인 다중서명Multi-Signature 기술을 이용해 채널을 생성하고, 또 다른 기반 기술인 해시드 시간 잠금 계약Hashed Timelock Contract, HTLC을 통해 라이트닝 네트워크 내부에서 결제가 안정적으로 이루어지도록 한다.

라이트닝 네트워크의 기술과 동작 원리를 이해하고 이를 직접 운용하는 것은 기술적으로 높은 난이도를 요구한다. 이 책에서는 라이트닝 네트워크의 동작 원리를 깊이 다루지 않으며, 기술적인 세부 내용

을 알고 싶다면 라이트닝 네트워크 백서를 참고하길 권한다.[27]

다만, 라이트닝 네트워크의 동작에서 특히 강조하고 싶은 점은 각 라이트닝 노드가 비트코인 네트워크에 일정량의 BTC를 보증금으로 예치한 상태에서 운영된다는 것이다. 노드가 악의적인 행위를 하면 예치한 보증금을 모두 잃게 되지만, 정상적으로 동작하면 수수료를 통해 보상을 받는다. 이러한 처벌과 보상 메커니즘은 라이트닝 네트워크가 탈중앙화를 유지하면서도 안정적인 결제 서비스를 제공할 수 있는 기반이 된다.

라이트닝 네트워크에서 일반 사용자가 결제를 하기 위해서는 직접 라이트닝 노드를 운영하거나, 타인이나 특정 회사가 운영하는 라이트닝 노드에서 결제 서비스를 제공받는 두 가지 방법이 있다.

직접 라이트닝 노드를 운영하는 경우, 별도의 컴퓨터, 전원 공급을 위한 전기, 그리고 운영에 필요한 기술적 노하우와 노력이 필요하다. 하지만 이를 통해 다른 라이트닝 노드를 신뢰할 필요 없이 라이트닝 네트워크에서도 높은 수준의 금융 주권을 누릴 수 있다는 장점이 있다.

다른 주체가 제공하는 라이트닝 노드를 서비스로 이용하는 경우, 이를 수탁형 Custodial 과 비수탁형 Non-Custodial 으로 나눠볼 수 있다.

수탁형
사용자가 소유한 BTC를 라이트닝 노드를 운영하는 기관에 예치하는 방식으로 동작한다. 이 경우 해당 기관을 신뢰해야 하는 문제가 발생할 수 있다. 대표적인 수탁형 서비스 제공자로는 월렛 오브 사토시Wallet of Satoshi, 스트라이크Strike, 비트페이BitPay 등이 있다.

비수탁형
라이트닝 노드를 운영하는 기관이 BTC의 예치를 담당하지만, 해당 BTC의 소유권을 주장할 수 있는 키(Key)는 사용자가 소유하는 방식으로 작동한다. 대표적인 비수탁형 서비스 제공자로는 피닉스 월렛(Phoenix Wallet)과 브리즈 월렛(Breez Wallet)이 있다.

현재 비트코인 결제 사용자는 직접 비트코인 네트워크를 이용하거나 라이트닝 네트워크를 이용할 수 있다. 어느 계층을 이용할지는 전송할 BTC의 양, 결제의 종류, 결제 완료 시간, 수수료, 그리고 라이트닝 네트워크 이용 시의 위험 정도 등을 종합적으로 고려해 개인이 판단하여 선택할 수 있다.

참고로, 2025년 5월 기준으로 전 세계에서 약 1만 1천 개의 라이트닝 노드가 운영 중이며, 약 4만 2천 개의 채널이 열려 있다.

비트코인 결제 계층의 미래

앞서 언급한 대로, 현재 비트코인 결제의 계층 구조는 아직 완성된 형태가 아니다. 이 섹션에서는 향후 비트코인 결제 계층이 어떤 방향으로 발전할지에 대해 예측해 보겠다.

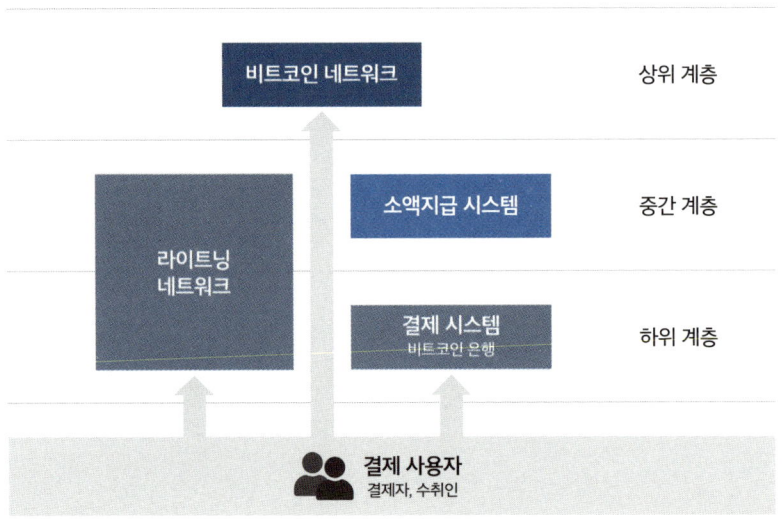

향후 비트코인 결제 계층의 하위 계층에서 비트코인 은행이 등장할 가능성을 예상해 볼 수 있다. 이는 결제 시스템으로서의 라이트닝 네트워크가 몇 가지 한계를 가지고 있기 때문이다.

우선, 라이트닝 네트워크는 큰 단위의 BTC를 이체하기에 적합하지 않다. 각 채널별로 BTC를 옮길 수 있는 최대 한도가 정해져 있는데, 이 값은 대개 0.1 BTC를 넘지 않는다. 현재는 큰 단위의 BTC를 이체할 경우 비트코인 네트워크를 직접 이용할 수 있지만, 앞으로 비트코인 네트워크를 사용하려는 수요가 폭발적으로 증가하면 네트워크를 직접 이용하기 어려워질 가능성이 있다.

또한, 라이트닝 네트워크에서는 결제의 수신자가 속한 라이트닝 노드로 연결되는 경로가 존재하지 않을 가능성도 있다. 더 나아가, 정해진 경로를 통해 결제를 전달하던 중 특정 라이트닝 노드에 문제가 발생하여 결제가 실패하는 경우도 있을 수 있다. 다만 라이트닝 네트워크는 아직 더 발전하고 안정화될 여지가 많기 때문에 여기서 언급한 내용은 현재의 한계점임을 명확히 밝힌다.

이러한 한계점 그리고 라이트닝 서비스 공급자에 대한 신뢰 문제로 인해, 널리 알려지고 어느 정도 신뢰를 받을 수 있는 기관에서 운영하는 비트코인 은행들이 다수 등장할 것으로 예상된다. 이러한 은행은 결제 금액의 크기에 상관없이 적절한 수수료를 지불하고 BTC 결제를 처리할 수 있는 서비스를 제공할 것이다. 비트코인 은행 간의 자금 전송은 중간 계층의 소액지급 시스템을 활용하며, 이 정보는 주기적으로 비트코인 네트워크에 반영될 것이다. 이를 통해 현재 우리가 사용하는 원화 기반의 은행 서비스와 거의 유사한 사용자 경험을 제공할 것으로 생각된다.

다만, 비트코인 은행을 이용할 경우 신뢰 문제와 함께, 비트코인의 핵심 장점인 검열 저항성, 결제의 최종성, 그리고 금융 주권을 온전히 누릴 수 없다는 단점이 있다는 것을 강조하고 싶다. 그럼에도 불구하고, 현재의 은행 시스템과 유사한 편의성을 추구하는 사용자층의 수요가 분명히 존재할 것이라 생각된다.

이와 같이, 비트코인 결제 시스템은 각 개인의 기호와 상황에 따라 라이트닝 네트워크나 비트코인 은행 등 다양한 하위 계층, 그리고 필요에 따라 중간 계층이 결제를 처리하는 형태로 발전할 것으로 예상된다.

이제 이러한 계층구조가 가지는 의미를 생각해 보자. 비트코인이 처음 등장한 이후 BTC 가격이 급격히 상승하면서, 많은 사람들이 BTC를 소유하기에는 이미 늦었다고 생각한다. 그러나 이는 잘못된 생각이다. 지금은 여전히 BTC를 소유하기에 매우 이른 단계다. BTC를 소유하기에 정말 늦은 단계란, 개개인이 최상위 계층인 비트코인 네트워크의 장부에 본인 소유의 BTC를 기록할 수 없을 만큼 접근이 어려워진 상황을 말한다.

만약 비트코인에 대한 결제 수요가 여러 국가나 거대 기관 단위에서 폭발적으로 증가한다면, 비트코인 네트워크의 평균 트랜잭션 수수료는 크게 상승할 가능성이 크다. 장부에 기록할 수 있는 결제 건수가 초당 약 10건으로 제한되어 있는 반면, 이를 등록하려는 수요는 급증할 것이기 때문이다. 이러한 상황에서는 대부분의 개인이 비트코인을 직접 소유하며 누릴 수 있는 주요 장점들을 상실하고, 결국 타 기관이 수탁하는 형태로 BTC를 소유할 수밖에 없게 될 것이다.

현재는 개개인이 최상위 계층에서 BTC를 쉽게 직접 소유할 수 있는 시기로, 아직도 매우 이른 단계라고 할 수 있다.

통화량이 거의 고정된 비트코인이 화폐로 쓰일 수 있을까?

비트코인은 공급량이 엄격히 제한된 화폐다.* 총 2,100만 개로 발행량이 정해져 있으며, 2025년 기준으로 약 95%가 이미 채굴되었다. 2035년에는 전체의 99%가 채굴될 전망이며, 약 2140년까지 극히 미미한 양만 추가로 채굴될 예정이다. 반면 정부가 발행하는 법정화폐는 중앙은행이 필요에 따라 무제한으로 공급량을 늘릴 수 있다. 이 두 가지 시스템은 본질적으로 차이가 있다.

현재 대부분의 선진국에서는 물가가 완만하게 상승하는 것을 정상으로 받아들인다. 하지만 기술 발전과 생산성 향상이 지속된다면 상품 생산 비용이 감소하고, 이론적으로는 물가가 하락해야 한다. 지속적인 물가 상승은 자연스러운 현상이 아니라, 중앙은행이 통화량을 증가시킨 결과일 뿐이다. 그러나 인위적인 통화 공급이 경제 문제를 근본적으로 해결하지는 못하며, 오히려 자산 버블과 투기를 초래할

♦ 비트코인의 총 공급량은 2,100만 개로 제한되어 있지만, 그렇다고 통화량이 부족한 것은 아니다. 비트코인 한 개(BTC)는 1억 개의 사토시(Satoshi)로 세분화될 수 있기 때문에, 총량으로 따지면 2,100조 개의 사토시가 존재한다. 한편, 미국 달러는 1달러당 100센트로 세분화된다. 미국의 2025년 1월 기준 광의통화(M2)는 약 21.6조 달러이며, 이를 센트 단위로 환산하면 약 2,160조 개의 센트가 존재한다.

즉, 비트코인의 사토시 총량(2,100조 개)은 미국 M2 통화량을 센트로 표현한 총량(약 2,160조 개)과 거의 비슷한 규모다. 따라서 비트코인은 양적 측면에서도 화폐로 사용하기에 충분한 단위를 확보하고 있다.

위험이 크다.

론 폴은 저서 "우리는 왜 매번 경제위기를 겪어야 하는가?"[28]에서 중앙은행의 과도한 통화 공급이 반복적인 금융 위기를 일으킨다고 지적했다. 경제학자 루트비히 폰 미제스 또한 "화폐 가치가 불안정하면 사람들은 투기에 몰두하게 되며, 통화 공급의 인위적 증가가 단기적이고 파괴적인 투기를 조장한다."고 강조했다. 그는 화폐 공급이 불안정하면 경제의 본질적인 기능이 왜곡된다고 경고했다. 책 "왜 그들만 부자가 되는가?"[29]는 이러한 문제를 더욱 심도 있게 분석한다.

이와 함께, 통화량이 무분별하게 증가하는 환경에서는 경제 전반에 걸쳐 왜곡이 발생한다. 공짜 돈이 많아지면, 이를 분배하는 정치인과 관료들의 영향력이 더욱 커지고, 그들의 입맛에 맞는 특정 집단이 자금을 우선적으로 배정받는 구조가 형성된다. 이 과정에서 문화, 사회, 예술, 학문, 식품 등 다양한 분야가 정치적·이념적 편향에 따라 왜곡될 가능성이 커진다. 실제로 "더 피아트 스탠다드"[30] 에서도 이러한 문제를 자세히 다루고 있다. 정부가 무제한으로 공급할 수 있는 화폐를 통해 특정 집단이 과도한 이익을 누리는 구조가 형성되면서, 시장의 자율적인 판단보다 정치적 고려가 우선되는 현상이 심화된다.

통화량 증가가 없으면 경제 성장이 어렵다는 의견도 있지만, 역사적 사례는 이를 부정한다. 19세기 후반부터 제1차 세계대전 이전까지 주요 선진국들은 금본위제를 유지하며 통화량이 제한된 상태에서도 높은 경제 성장을 달성했다. 당시에는 중앙은행이 임의로 통화를 확대할 수 없었기 때문에, 생산성과 혁신을 이룬 기업과 개인이 자연스럽게 부를 축적했다. 물론 이때도 경기 변동이 있었지만, 정부의 과도한 개입 없이 경제가 장기적이고 안정적으로 성장했다는 점에서 시사하는 바가 크다.

프리드리히 하이에크는 금본위제와 같은 화폐 시스템의 장점이 정부가 쉽게 화폐 가치를 조작할 수 없는 예측 가능성과 안정성에 있다고 말한다. 이는 기업과 개인이 장기적이고 생산적인 투자 결정을 내릴 수 있는 환경을 만들어 준다. 비트코인은 이런 금본위제의 장점을 더욱 발전시킨 형태다. 비트코인은 중앙은행의 통제가 없으며, 엄격히 정해진 공급량으로 인해 투기적 버블이 과도하게 커지는 것을 억제하는 자정 작용이 내재되어 있다.

비트코인이 화폐로 쓰이는 환경에서는 경제가 투기보다는 생산성과 혁신 중심으로 자연스럽게 재편될 가능성이 크다. 투기가 과열되더라도 더 커지기 전에 자연스럽게 해소될 수 있는 자정 능력이 강화된다. 반면 현재 금융 시스템은 투기를 조장하는 경향이 강하고, 투자를 통해 이익을 얻지 못하는 다수의 사람들에게 "화폐는 어떻게 발행되고 유통되어야 하는가?"라는 근본적인 질문을 던지게 만든다.

비트코인의 고정된 공급량은 단점이 아니라 오히려 장점이다. 디지털 시대의 흐름 속에서, 비트코인은 공정한 경제 활동을 가능하게 하고, 개인의 자유와 프라이버시를 보호하는 중요한 수단이 될 것이다. 비트코인이 통화로 쓰이는 미래는 단지 새로운 화폐의 등장에 그치는 것이 아니라, 경제 시스템 자체가 더욱 건전하고 생산적으로 전환될 가능성을 의미한다.

"비트코인 백서: 개인 대 개인 전자 화폐 시스템"[31]의 6장에서도 비트코인의 화폐 가능성을 심도 있게 논증하고 있으므로 함께 참고하면 더욱 좋다.

가장 추상적인 화폐, 비트코인

인류 문명의 발전은 끊임없는 추상화의 과정이었다. 화폐 역시 조개껍데기나 금과 같은 실물 형태에서 시작해 지폐를 거쳐 디지털 형태로 진화해왔다. 초기의 화폐는 물리적 실체를 가졌지만, 시간이 흐르며 화폐는 신뢰를 기반으로 더욱 추상화되었고, 이에 따라 지폐가 탄생했다. 이후 신용카드와 전자결제 시스템이 등장하면서 오늘날의 돈은 대부분 숫자로 이루어진 디지털 정보라는 더욱 추상화된 형태로 존재하게 되었다. 앞으로 화폐의 디지털화는 더욱 가속화될 것이다.

우리는 이미 물리적 세계에서 디지털 세계로 빠르게 이동하고 있다. 디지털 세계는 물리적 한계를 넘어 우리의 관념을 기반으로 형성된 추상적인 공간이다. 우리는 하루의 많은 시간을 이렇게 추상화된 가상 공간에서 보내며, 정보의 흐름과 거래, 업무의 대부분도 이곳에서 이루어진다. 이러한 흐름에 따라 과거 국가 단위로 통제되던 시스템에도 서서히 균열이 생기고 있다. 특히 기존의 법정화폐는 엄격한 국가의 통제 시스템을 통해 신뢰를 유지했지만, 이제 비트코인의 탄생으로 국경에 구애받지 않고 누구나 접근 가능한 더욱 추상화된 디지털 화폐가 등장하게 되었다.

프라이버시 보호 측면에서도 추상화는 중요한 역할을 한다. 과거에는 물리적인 형태의 소유만이 진정한 소유로 인정되었다. 금이나 지폐처럼 직접 손에 쥘 수 있는 자산은 소유자가 스스로 보관하고 보호해야 했으며, 도난이나 분실의 위험도 컸다. 하지만 디지털 시대로 전환되면서 소유의 개념 또한 추상화되었다.

비트코인은 이처럼 추상화의 정점에 있는 화폐다. 개인키만 있으면 누구의 승인도 필요 없이 자산을 보유하고 이전할 수 있다. 이는 중앙 기관의 통제를 벗어난 완전한 탈중앙화 덕분이다. 기존 금융 시스템에서는 모든 거래가 중앙 기관의 감시와 기록 아래 있었지만, 비트코인은 중앙의 개입 없이 무기명으로 자산을 보유하고 자유롭게 거래할 수 있다. 누구도 특정인의 자산을 차단하거나 동결할 방법이 없다.

이러한 특성은 현대 사회에서 점점 심각해지는 프라이버시 침해와 검열 문제 속에서 더욱 중요해지고 있다. 현재의 금융 시스템은 개인의 금융 활동을 감시하고 통제하는 방향으로 움직이고 있다. 국가와 기업은 데이터를 독점하고 거래 내역을 추적하며, 특정한 이유로 개인의 자산 접근을 제한하거나 동결하기도 한다. 이제 금융 활동은 단순한 경제적 선택을 넘어 개인의 자유와 직결된 문제가 되었다.

이런 상황에서 비트코인의 존재는 한 줄기 빛과 같다. 비트코인은 개인이 국가나 기관의 개입 없이 온전히 자신의 화폐를 소유하고 자유롭게 이전할 수 있도록 해준다. 프라이버시는 단순한 편의의 문제가 아니라 인간이 자유롭게 사고하고 행동할 수 있도록 보장하는 필수적인 요소다. 비트코인은 탈중앙화와 암호학을 기반으로 이러한 필수적 권리를 지킬 수 있게 해주는 강력한 도구다. 디지털 세계로의 전환이 가속화될수록 프라이버시 보호의 중요성은 더욱 강조

될 것이다. 이러한 환경에서 비트코인은 가장 추상화된 형태의 화폐이자, 검열과 통제로부터 자유로운 가치 저장 수단으로 더욱 빛나게 될 것이다.

AI 시대에서의 비트코인

AI의 발전은 인류가 오랜 시간 이어온 추상화 과정의 연장선에 있다. AI는 방대한 데이터를 학습하며 핵심 패턴을 발견하고, 이를 토대로 더욱 높은 차원의 추상화를 이룬다. 이는 인간이 사고의 범위를 넓혀온 방식과 닮았다.

과거의 AI는 인간의 명령에 따라 단순 작업만 수행했다. 하지만 현재의 AI는 점차 스스로 목표를 설정하고 복잡한 문제를 해결할 수 있는 단계로 발전하고 있다. 물류 분야에서는 AI가 단순 경로 최적화를 넘어 전체 공급망 관리를 수행하며, 금융 분야에서는 단순한 주식 추천을 넘어 포트폴리오 전략을 자율적으로 구성하고 실행한다.

이러한 AI의 발전은 자연스럽게 AI 간 협력 구조를 형성한다. 자율주행 AI가 교통 데이터 AI와 정보를 주고받아 최적 경로를 계산하거나, 물류 AI가 이를 활용해 실시간 배송 일정을 조정하는 식이다. 이렇게 AI가 스스로 경제 활동을 하는 시대가 다가옴에 따라,

이들이 어떤 화폐를 사용할 것인지는 점점 더 중요한 문제가 되고 있다.

기존 법정화폐 시스템은 인간 중심으로 설계되었다. 특정 국가나 중앙 기관이 발행하고, 은행과 같은 금융 중개 기관을 반드시 거쳐야 한다. 게다가 각국의 화폐가 다르기에 특정 지역에서만 유효한 제약이 존재한다. 하지만 AI는 국경 개념이 없는 글로벌 네트워크에서 활동하기 때문에, 국경과 금융기관에 의존하는 법정화폐 시스템은 비효율적이다.

이러한 환경에서 비트코인은 가장 자연스러운 해결책이다. 비트코인은 중앙기관 없이도 세계 어디서나 즉시 결제가 가능하며, 국경과 검열의 제약에서 자유롭다. AI는 은행의 운영 시간이나 환율 변동을 신경 쓸 필요 없이 비트코인 네트워크를 통해 즉각적으로 거래를 완료할 수 있다.

AI 경제가 확장될수록 AI가 선택할 가능성이 가장 큰 화폐는 비트코인이다. AI는 효율성, 예측 가능성, 안정성을 중시한다. 시간이 지나면서 가치가 하락하는 법정화폐보다는 공급량이 제한되고 희소성이 유지되는 비트코인을 선호할 가능성이 크다. 비트코인은 바로 이런 조건을 완벽하게 충족하는 유일한 화폐다.

또한 AI 시대에는 정보와 데이터의 진위를 검증하는 문제가 더욱 중요해진다. 딥페이크Deepfake 기술의 발전으로 인해 가짜 정보가 범람하는 환경에서, 데이터의 신뢰 여부는 핵심적인 이슈가 된다. 기존 금융 시스템은 여러 중개 기관을 통해 거래가 이뤄지기 때문에 중간에서 데이터가 조작될 위험이 높다. 반면, 비트코인은 거래의 진위를 누구나 직접 검증할 수 있는 시스템이다. 각 참여자가 직접 노드를 운영하며 거래 데이터를 스스로 확인할 수 있기 때문에 신뢰 문제를 근본적으로 해결한다.

> **딥페이크(Deepfake)**
> AI를 이용해 디지털 이미지, 영상, 음성 등을 조작하여, 사람들이 실제처럼 느끼도록 만드는 기술

한편, AI로 인한 기술 혁신이 인간의 노동을 자동화하고 생산성을 급격히 향상시킬 것이다. 특정 자원을 기반으로 하는 상품 화폐, 예를 들어 금 같은 경우는 이러한 기술 혁신으로 인해 생산량이 급격히 증가할 가능성이 있다. 그러나 비트코인은 채굴 난이도 조정 메커니즘 덕분에 아무리 AI 기술이 발전해도 일정한 속도로 공급된다. 블록 생성 주기는 평균 10분으로 유지되며, 이는 비트코인이 어떤 기술적 혁신에도 영향을 받지 않고 희소성과 안정성을 유지할 수 있음

을 의미한다.

결국, 인류는 역사적으로 점점 더 추상화된 형태의 화폐를 선택해왔다. AI는 이처럼 추상화된 화폐를 더욱 필요로 하는 환경을 만들고 있으며, 비트코인은 그 요구에 부합하는 최적의 시스템이다. 정보의 진위가 핵심이 되는 AI 시대에, 스스로 검증 가능한 화폐인 비트코인의 가치는 더욱 빛을 발할 것이다.

AI로 인한 생산 혁신이 이루어질수록 공급량이 정해진 비트코인의 가치는 더욱 커진다. 어떤 기술적 혁신이 있더라도 비트코인의 공급은 변하지 않는다. 바로 이 특성이 인간과 AI가 공존할 미래 경제에서 비트코인이 핵심적 역할을 수행할 이유다.

이제 비트코인의 탄생으로
국경에 구애받지 않고 누구나 접근 가능한
더욱 추상화된 디지털 화폐가 등장하게 되었다.

PART 6

비트코인 사용의 모든 것

주소 생성부터 결제, 노드 운영, 채굴까지

일시적인 안전을 얻기 위해 자유를 포기하는 자들은
자유도, 안전도 가질 자격이 없다.

"Those who would give up essential Liberty,
 to purchase a little temporary Safety, deserve neither Liberty nor Safety."

- 벤자민 프랭클린(Benjamin Franklin)

이번 파트에서는 비트코인을 소유하고 결제하는 방법, 노드를 운영하는 방식, 그리고 채굴에 참여하는 과정을 다룬다. 이를 통해 독자들이 비트코인 네트워크에 실제로 참여할 수 있도록 이론적 기반을 마련하는 것이 목표다.

비트코인은 탈중앙화된 화폐이므로 특정 기관에 의존하지 않는다. 따라서 사용자가 직접 비트코인의 작동 원리와 사용법을 학습해야 한다. 이런 특성 때문에 일부 사람들은 비트코인 네트워크에 참여하는 것이 지나치게 어렵고 번거롭다고 느끼며, 이것이 비트코인의 대중화를 가로막는 요인 중 하나라고 주장하기도 한다.

먼저, 비트코인 네트워크가 누구에게나 열려 있다고 해서, 이 네트워크가 모든 사람을 위한 결제 계층이라는 의미는 아니라는 점을 명확히 짚고 넘어가겠다. 앞서 비트코인 네트워크가 결제 계층의 최상단에 위치한다고 설명했으므로, 일부 독자는 이를 직관적으로 이해했을 수도 있다. 하지만 보다 정확한 이해를 위해 간단한 계산을 통해 살펴보겠다.

비트코인 네트워크는 초당 약 10건의 결제를 처리할 수 있다. 1년은 31,536,000초이므로, 비트코인 네트워크가 1년에 처리할 수 있는 최대 결제 건수는 약 3억 1,536만 건이다. 이를 편의상 3억 2천만 건이라 하자. 반면, 현재 전 세계 인구는 약 80억 명에 달한다.

모든 사람이 비트코인을 소유하기 위해 각자 한 번씩만 결제를 한다고 가정해도, 총 80억 건의 결제가 필요하다. 다시 말해, 비트코인 네트워크가 다른 모든 결제를 멈추고 전 세계 인구에게 비트코인을 분배하는 결제만 처리한다고 가정하더라도, 80억 건을 3억 2천만 건으로 나누면 25년이 걸린다는 계산이 나온다.

물론, 네트워크가 다른 모든 결제를 중단하는 것은 불가능하다. 실제로 비트코인 네트워크는 이미 많은 결제를 처리하고 있으며, 앞으로 국가나 기관이 이를 결제 수단으로 채택할 가능성도 충분하다.

결론적으로, 이 계산은 모든 인구가 비트코인을 소유하는 것이 현실적으로 불가능하다는 점을 보여준다. 따라서 비트코인은 모두를 위한 결제 계층도 아니고, 모두가 직접 소유할 수 있는 화폐도 아니다.

이 사실을 이해한 후에도 비트코인 네트워크에 참여하는 것이 어렵거나 번거롭다고 느끼거나, 위험하다고 생각해 직접 소유를 거부한다면, 억지로 추천하지는 않는다. 다만, 그 결과 금융 주권을 제공하는 가장 우월한 디지털 자산이자 화폐를 직접 소유할 기회를 놓치게 될 것이다.

비트코인을 직접 소유하지 않기로 선택하면, 금융 주권을 누릴 가능성은 점점 멀어진다. 대신, 비트코인 은행이나 라이트닝 네트워크 같은 하위 계층 서비스를 통해 타인이 보유한 비트코인을 간접적으로 사용하는 방식에 의존하게 될 것이다. 하지만 이것은 직접 소유와 본질적으로 다르며, 자신의 금융적 자율성을 제한할 가능성이 있다.

이 선택은 단순한 경제적 문제를 넘어 개인의 자유와 주권에 관한 문제이기도 하다. 자신의 돈을 타인에게 맡길 것인가? 혹은 조금 힘들어도 노력하여 직접 소유하는 방법을 택할 것인가? 어떤 선택을 할지는 각자의 몫이다.

비트코인 하드웨어 월렛

하드웨어 월렛 Hardware Wallet(하드웨어 월렛)은 비트코인 주소를 생성하고, 비트코인 결제를 위한 트랜잭션에 서명하는 보안 기능을 제공한다. 흔히 콜드 월렛 Cold Wallet이라고도 불리는데, 이는 월렛을 인터넷에 연결하지 않고 오프라인 상태로 유지하는 특성에서 유래한 이름이다. 하드웨어 월렛이 인터넷에 연결되면 비밀번호의 역할을 하는 시드 Seed가 외부에 노출될 위험이 있기 때문에, 이를 원천적으로 차단하기 위해 설계된 것이다. 이와 달리, 스마트폰 앱으로 설치해 사용하는 대부분의 소프트웨어 월렛Software Wallet은 인터넷에 연결될 수 있어 콜드 월렛과 반대의 의미로 핫 월렛Hot Wallet으로 분류된다.

개인이 직접 비트코인을 수신하여 소유하고, 이를 안전하게 결제에 활용하려면 하드웨어 월렛이 필수적이다. 물론, 자신의 PC에서 직접 프로그래밍하거나 오픈소스 코드를 다운로드해 비트코인과 호환되는 소프트웨어를 실행하는 방법도 있다. 하지만, 이는 다음과 같은 이유로 추천되지 않는다.

구현 난이도의 문제
소프트웨어를 직접 설정하고 관리하려면 고도의 기술적 지식이 필요하다.

오프라인 유지의 어려움
인터넷 연결을 완전히 차단하고 지속적으로 관리하는 일은 실질적으로 매우 까다롭다.

개발 실수의 위험성
코드 오류나 잘못된 설정으로 인해 비트코인을 영구적으로 잃을 가능성이 있다.

이러한 이유로, 비트코인의 안전한 관리와 사용을 위해 하드웨어 월렛을 사용하는 것이 필수적이다. 하드웨어 월렛은 비트코인을 안전하게 보관하고, 사용자가 손쉽게 트랜잭션을 생성하며, 최대한의 보안을 유지하도록 돕는 가장 실용적인 방법이다.

시중에는 다양한 하드웨어 월렛이 판매되고 있다. 이를 선택할 때 기본적으로 고려해야 할 기준은 다음과 같다.

비트코인 전용 여부
여러 암호화폐를 지원하는 월렛보다는 비트코인만 지원하는 월렛이 보안 측면에서 더 유리하다. 다양한 암호화폐를 지원하려면 하드웨어 월렛에 내장된 프로그램이 복잡해질 수 있는데, 이는 오동작의 위험도 함께 증가시킬 수 있다.

에어갭 트랜잭션 지원 여부
에어갭(Air-Gapped)은 하드웨어 월렛이 인터넷이나 외부 네트워크에 연결되지 않은 상태에서 트랜잭션을 생성할 수 있게 하는 기능이다. 하드웨어 월렛은 최대한 오프라인 상태를 유지해야 한다.

오픈 소스 여부
하드웨어와 소프트웨어가 오픈 소스로 제공되는지 확인해야 한다. 오픈 소스는 코드가 공개되어 커뮤니티 검증을 거친 만큼 신뢰도가 높다. 또한 사용자가 직접 오픈 소스를 다운받아 하드웨어 월렛에서 실행할 수 있어야 한다.

보안 기능 제공 여부
월렛이 물리적 보안(예: PIN 보호, 내장 보안 칩)과 소프트웨어 보안(예: 암호화 기능)을 제공하는지 여부도 중요하다.

널리 사용되는 대표적인 하드웨어 월렛으로는 시드사이너 Seed Signer, 제이드 Jade, 콜드카드 Coldcard 등이 있다. 이들 제품은 비교적 안전하게 사용 가능한 하드웨어 월렛으로 알려져 있다.

이외에도 매우 다양한 하드웨어 월렛이 존재하지만, 그중 일부는 위험성이 높다고 여겨질 수 있다. 따라서 하드웨어 월렛을 선택할 때는 제품의 신뢰성과 보안성을 충분히 검토하는 것이 중요하다. 적절한 월렛을 선택하는 것은 비트코인을 안전하게 보관하고 직접 소유를 보장하는 핵심적인 단계임을 잊지 말자.

하드웨어 월렛과 관련된 대표적인 오해 중 하나는 하드웨어 월렛이 고장 나면 소유한 비트코인을 잃어버릴 위험이 있다는 것이다. 하지만 이는 사실이 아니다. 비트코인은 하드웨어 월렛에 저장되는 것이 아니라, 비트코인 네트워크에 기록된다. 하드웨어 월렛은 비트코인 주소를 생성하고, 결제를 위해 트랜잭션에 서명하는 역할을 하는 기기일 뿐이다.

따라서 하드웨어 월렛이 고장 난 경우에는 단순히 새 하드웨어 월렛을 구매하면 된다. 대부분의 하드웨어 월렛은 동일한 비트코인 프로토콜(BIP32, BIP39 등)을 따르므로, 기존 월렛이 고장 나더라도 다른 종류의 하드웨어 월렛을 사용해 소유한 비트코인을 복구하고 계속 사용할 수 있다.

여기서 중요한 점은 하드웨어 월렛의 고장이 아니라, 개인의 비밀번호 역할을 하는 시드Seed 혹은 니모닉Mnemonic을 안전하게 보관하는 것이다. 니모닉은 비트코인을 복구하는 열쇠와 같으므로, 이를 분실하지 않고 안전하게 관리하는 것이 비트코인 소유권 유지의 핵심이다.

다음 섹션에서는 니모닉에 대해 자세히 다룬다.

| 시드사이너 | 제이드 | 콜드카드 |

니모닉의 생성

비트코인을 직접 소유하기 위해 가장 먼저 해야 할 일은 자신만의 비밀번호 역할을 하는 시드를 생성하는 것이다.

이 시드는 단순한 문자들이 아니라, 0부터 340,282,366,920,938, 463,463,374,607,431,768,211,455 ($2^{128}-1$) 범위 내의 숫자 중 하나를 임의로 선택한 값이다.

이 숫자의 범위는 상상을 초월할 만큼 크며, 충분히 무작위적(랜덤 $_{\text{Random}}$)인 숫자를 고른다면 다른 사용자와 숫자가 겹칠 확률은 사실상 0에 수렴한다.✦ 이 원리가 바로 비트코인의 보안성을 뒷받침하는 핵심 요소 중 하나다.

✦ 그럼에도 불구하고 우려하는 사람들을 위해 $2^{256}-1$ 범위의 숫자를 시드로 선택하는 옵션도 있다. 이 숫자의 범위는 우주에 존재하는 원자의 숫자에 가까울 만큼 큰 범위이다.

사람이 직접 숫자를 선택하면 예측 가능한 패턴이 포함될 가능성이 크므로, 보안상 위험하다. 따라서, 완전히 무작위적인 값을 생성하기 위해 동전을 128번 이상 던지거나, 주사위를 50번 이상 던지는 방법이 추천된다. 예를 들어, 동전의 앞면을 0, 뒷면을 1로 정해 동전을 128번 던지면 01001…과 같은 2진법 숫자를 만들 수 있다.

이 숫자는 2진법으로 표현된 값이며, 이를 10진법으로 변환하면 앞서 언급한 범위의 숫자 중 하나가 된다. 이런 방식으로 생성된 숫자는 완전히 무작위적이며, 안전하게 비트코인을 소유하기 위한 기초가 된다.

그러나 이 시드는 매우 긴 숫자이기 때문에, 이를 외우거나 기록하는 과정에서 실수할 가능성이 있다. 이를 해결하기 위해 2013년 BIP-39 개선안이 제안되었으며, 이후 시드를 보다 쉽게 관리하는 표준 방식으로 자리 잡았다.

BIP-39는 시드를 여러 개의 숫자로 변환한 후, 이를 특정 단어 목록에 대응시켜 니모닉 코드 Mnemonic Code 로 변환하는 방식을 사용한다. 이를 통해 사용자는 긴 숫자 대신 12~24개의 단어를 기억하거나 기록하는 방식으로 시드를 보다 쉽게 관리할 수 있다.

예를 들어, 동전 던지기로 생성된 시드가 120,849,193,932,309, 436,864,929,999,452,970,767,700이라면, 이는 다음과 같은 12개의 단어로 변환될 수 있다.◆

foot, fiber, faith, power, remember, kick, best, relief, romance, fence, fetch, possible

이러한 방식을 통해 긴 숫자를 기록하는 중 실수하거나 누락할 수 있는 확률을 제거하고, 비트코인 시드 관리에 실용성을 더해준다. 니모닉은 종종 시드 프레이즈Seed Phrase라고 불리기도 한다.

이 단어들은 BIP-39 표준에 정의된 2,048개의 단어 목록에서 선택되며,◆◆ 모든 단어가 고유하다. 이를 통해 혼동을 줄이고 보안을 강화할 수 있다. 다만, 사람이 직접 숫자를 계산해 시드를 단어로 변환하는 것은 쉽지 않은 일이기 때문에, 대부분 오픈 소스 기반의 프로그램을 활용해 니모닉을 생성한다.

니모닉을 생성하는 대표적인 방법 중 하나는 Ian Coleman의 BIP-39 도구를 사용하는 것이다.[32] 이 도구는 오픈 소스 프로젝트로,

---

◆ 만약 시드를 0부터 $2^{256}-1$의 범위로 선택하였으면, 니모닉은 총 24개의 단어로 구성된다.

◆◆ 전체 단어 목록은 다음에 나와 있다. https://github.com/bitcoin/bips/blob/master/bip-0039/english.txt

신뢰할 수 있는 도구로 평가받고 있다. 하지만, 온라인 환경에서 니모닉을 생성하는 것은 보안상 위험이 따를 수 있다. 이를 보완하기 위해 사이트를 다운로드해 오프라인 환경에서 실행한 뒤 니모닉을 생성하고, 작업이 끝난 후 하드디스크를 포맷하는 방식으로 보안을 강화할 수 있다. 드물지만, 보안에 극도로 민감한 일부 사용자들은 PC에서 오프라인 상태로 니모닉을 생성한 후 작업이 끝난 뒤 컴퓨터 자체를 폐기하기도 한다.

또 다른 방법으로는 하드웨어 월렛에서 제공하는 니모닉을 사용하는 것이다. 대부분의 하드웨어 월렛은 안전한 환경에서 니모닉을 생성해 주며, 이를 사용하는 것이 간편하고 안전할 수 있다.

니모닉을 생성하는 방법에 절대적인 정답은 없다. 앞서 소개한 방법들을 활용하거나, 스스로 공부해 자신만의 방법을 찾는 것을 추천한다. 다만, 자신만의 방법을 사용하기로 했다면, 그것이 충분히 안전하고 신뢰할 수 있는지 반드시 검증해야 한다. 무엇보다 니모닉의 생성과 관리는 전적으로 개인의 책임임을 명심해야 한다.

생성된 니모닉을 보관하는 방법 역시 정해진 정답은 없다. 일반적으로 많이 사용하는 방법은 니모닉을 종이나 금속판에 기록한 뒤, 여러 개의 사본을 만들어 물리적으로 분산된 장소에 비밀스럽게 보관하는 것이다. 이는 물리적 손실에 대비하면서도 보안을 유지할 수 있는 방법으로 권장된다.

니모닉의 보관 방법에도 정답이 없지만, 반드시 피해야 할 철칙은 존재한다. 니모닉을 이메일, 클라우드 저장소, 개인 PC 등 온라인 환경에 저장하지 말아야 한다. 온라인에 연결된 환경은 바이러스, 스파이웨어, 해킹 등 다양한 위협에 노출될 가능성이 있다.

가끔 니모닉을 자신만이 이해할 수 있는 암호로 암호화한 뒤 온라인에 저장하는 경우도 있지만, 이 역시 권장되지 않는다. 이런 방법은 추가적인 보안 요소가 니모닉 관리에 더해져 오히려 보안을 약화시킬 수 있다.

니모닉이 유출된다는 것은 곧 자신이 소유한 비트코인을 잃게 된다는 것을 의미하므로, 안전한 니모닉의 생성, 관리, 보관의 중요성은 아무리 강조해도 지나치지 않다. 비트코인은 탈중앙화된 화폐이기 때문에, 누구도 이를 복구해주거나 반환해줄 수 없다. 따라서 니모닉 관리에는 각별한 주의가 필요하다.

니모닉의 역할은 두 가지로 정리할 수 있다. 첫째, 비트코인을 수신할 수 있는 비트코인 주소를 생성하는 데 사용된다. 둘째, 자신이 소유한 비트코인을 이체할 때, 소유권을 서명을 통해 증명하는 데 사용된다.

다음 섹션에서는 하드웨어 월렛, 소프트웨어 월렛, 그리고 니모닉이 어떻게 유기적으로 작동하여 비트코인 주소를 생성하고 이체를 가능하게 하는지에 대해 설명하겠다.

참고로 시드라는 용어의 사용은 세부적으로 보았을 때 실제와는 약간 차이가 있게 사용되었음을 밝힌다. 다만 비트코인 보유의 가장 핵심 역할을 차지하는 니모닉에 대해서는 최대한 정확한 설명을 하였으며, 이를 잘 관리하고 보안을 유지하는 것이 핵심임을 기억하는 것이 중요하다. 시드, 니모닉 그리고 책에서 설명하지는 않은 엔트로피 Entropy 등의 개념과 관계에 대해 기술적으로 정확히 알고 싶은 경우, 책 "비트코인, 공개 블록체인 프로그래밍"[33]을 참고하기를 바란다.

하드웨어 월렛, 소프트웨어 월렛 그리고 니모닉

이번 섹션에서는 실제로 비트코인을 소유하고 사용하는 방법을 살펴보겠다. 시작에 앞서, 이 책은 주로 큰 틀에서의 이론을 설명하는 데 초점을 맞추고 있음을 밝힌다. 이는 하드웨어 월렛과 소프트웨어 월렛의 종류가 다양하고, 각 버전이 지속적으로 업데이트되기 때문이다. 이해를 돕기 위해 그림을 사용했지만, 해당 그림의 내용은 시간이 지나면서 변경될 수 있음을 유의해 주기 바란다.

비트코인을 직접 소유하는 데 있어 가장 중요한 점은 휴대폰이나 컴퓨터와 같은 온라인 기기에 니모닉을 입력하지 않는 것이다. 니모닉은 오로지 백업용 종이에 기록하거나, 비트코인 주소 생성 및 결제를 위해 하드웨어 월렛에만 입력해야 한다.

하드웨어 월렛을 사용할 때에도 니모닉을 하드웨어 월렛에 저장해 두는 방식을 추천하지 않는다. 대신, 하드웨어 월렛을 사용할 때마다 니모닉을 새로 입력하고, 전원이 꺼졌다가 다시 켜지면 니모닉 입력이 무효화되도록 설정하는 것이 좋다. 이 옵션을 사용하지 않으면, 하드웨어 월렛에 타인이 접근했을 때 니모닉이 유출될 위험이 있다.

참고로, 하드웨어 월렛 중 시드 사이너Seed Signer는 기기를 켤 때마다 반드시 니모닉을 새롭게 입력해야 하며, 니모닉을 기기에 저장하는 기능이 제공되지 않는다. 제이드Jade는 니모닉을 기기에 저장할 수 있는 기능을 제공하지만, 'Temporary Signer(임시 서명 기기)' 옵션을 사용하면 니모닉이 기기에 저장되지 않도록 설정할 수 있다.

하드웨어 월렛을 켜고 니모닉을 입력하면, 하드웨어 월렛 내부에서 니모닉과 연동된 비트코인 주소가 생성된다. 아래 그림은 앞서 예로 든 니모닉을 하드웨어 월렛에 입력했을 때 생성된 주소 목록을 보여준다. 하나의 니모닉에서 생성할 수 있는 주소의 개수는 무한하지만, 여기에서는 그중 20개만 나열한 것이다.

m/0/0	15F9g7iHwYkTsmnpEGTpLDnBsdxSqPcg7w		m/0/10	1DCNUNCCx2chPccF5QsZRkwrvh5UPUnFju
m/0/1	1CbdKW2wybrvD44EMhvp7tNohG7pGkDJY		m/0/11	1Am8RVhPEC4Bk5cTkR78L85MNNLk3HgB7s
m/0/2	12uEvqqzbggCZ9zHos4pP5ba1ijQEzcE65		m/0/12	18kko151iRtrCcg3po3s9j1pfXRrUQxsZi
m/0/3	13ofGb1emysG27yYsFKHMyhRAkQW7cXm1Z		m/0/13	1D9w2hPsD3Lfk8mVfx7zQiAgrDesHBPerX
m/0/4	13kRt6qZ1qnptDdh543mwPBovPQ59ohVsa		m/0/14	18ZzvM2ZzuCnv4wchutWCZ6ycKPQH4tSJo
m/0/5	16t4HBamQ3vxJ258VFNkEnBiRKxVDuMveB		m/0/15	17BqvzxDQGoZ3FxuM2qumJDyTNPk2K3rsD
m/0/6	12zX95sQ9JSXnboW25WbdR5SD5VUFuz9X3		m/0/16	14WHv9vhwrkWBrv8vXMwQtJcQBfHy248Vq
m/0/7	1AhL3KMbm7aFvcfWRabUw83qimnWnamkoi		m/0/17	14nAUvqAkkLCriJmtbfwwQDHGyFehquHVM
m/0/8	13Q1MDnMeT6XkgCzxKWUcgpUFCzEFokfFz		m/0/18	1B9bdBkcTw43kfuGwxTMzZnLGBMedYzVWq
m/0/9	1PcjbJxdquWQQ3gMATypF9iHJd8bMRtVUV		m/0/19	13y5YPoSPxYh46YXkWgeFgt4D8frdk2c1o

다음으로 하드웨어 월렛에서 소프트웨어 월렛으로 비트코인 주소를 추출하는 과정을 아래 그림에 나타내었다. 이 예에서는 하드월렛은 제이드를 그리고 소프트웨어 월렛은 블루월렛으로 선택하였다.

먼저, 하드웨어 월렛에서 옵션을 선택한 후 임시 서명기기 Temporary Signer 메뉴를 선택한다. 다음으로 이 예제에서는 12단어를 입력할 것이므로 12단어 12 Words 메뉴를 선택한 후 니모닉을 하드웨어 월렛으로 입력한다. 그리고 옵션에서 Xpub 추출 Export Xpub 메뉴를 선택한다. 그러면 비트코인 주소 목록이 QR 코드 형태로 생성되어 하드웨어 월렛 화면에 표시된다. Xpub은 'eXtended public key'의 약자로, 비트코인 주소 목록을 의미한다.

마지막으로, 소프트웨어 월렛에서 지금 추가 Add Now 메뉴를 선택하고 스캔 Scan or import a file 메뉴를 선택하면 소프트웨어 월렛의 카메라가 활성화 된다. 이 후 하드월렛에 표시되어 있는 QR 코드를 카메라로 스캔하면, 소프트웨어 월렛 내에 비트코인 월렛이 생성된다. 이 월렛에는 니모닉과 연관된 비트코인 주소 목록이 기록되지만, 니모닉 자체는 저장되지 않는다. 이러한 과정으로 소프트웨어 월렛에 생성된 월렛을 와치 온리 Watch Only (보기 전용) 월렛이라고 부른다. 이처럼 소프트웨어 월렛이 설치된 휴대폰을 분실하더라도 니모닉이 저장돼 있지 않기 때문에 비트코인을 잃어버릴 위험은 없다. 단지 분실 후 새롭게 구매한 휴대폰에서 동일한 과정을 반복하면, 비트코인 주소 목록과 보유량을 다시 확인할 수 있게 된다.

① 하드웨어 월렛에서 옵션 선택 (Options)

② 임시 서명기기 선택 (Temporary Signer)

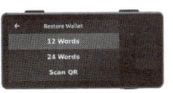
③ 12단어 선택 (12 Words)

④ 니모닉 입력
foot, fiber, faith, power, remember, kick, best, relief, romance, fence, fetch, possible

⑤ 옵션 ➡ Xpub 추출 (Export Xpub)

⑥ 주소 QR 생성

⑦ 소프트웨어 월렛에서 지금 추가(Add Now)

⑧ 스캔 선택 후 QR 스캔(Scan or import a file)

⑨ 소프트웨어 월렛에 비트코인 월렛 생성 완료

그림1 | 하드웨어 월렛과 소프트웨어 월렛을 연동한 비트코인 월렛의 생성 과정 34·35·36

비트코인을 수신하려면 비트코인 주소가 필요하다. 사용자는 자신의 소프트웨어 월렛의 비트코인 월렛에 저장된 비트코인 주소 중 하나를 선택하여 비트코인을 받을 수 있다. 만약 주소 목록에서 한 가지 주소를 직접 선택하지 않으면, 수신하기 Receive 버튼을 누르는 경우 자신이 가진 주소 목록 중 한 번도 사용하지 않은 주소가 자동으로 선택된다.

만약 자신의 노드를 운영하는 사용자라면, 소프트웨어 월렛에 자신의 노드 주소를 설정할 수 있다. 이 경우, 타인의 장부를 신뢰하는 대신 자신의 장부를 통해 비트코인의 수신 여부를 직접 확인할 수 있다. 반면, 노드가 없는 사용자는 공개된 노드에 접속해 해당 노드의 장부를 참조하여 비트코인의 소유 여부를 확인한다. 자신의 노드 정보는 소프트웨어 월렛의 네트워크 Network 메뉴에서 일렉트럼 서버 Electrum Server를 선택한 후 설정 할 수 있다.

소프트웨어 월렛은 비트코인 주소 보관과 잔고 확인 외에도, 소유한 비트코인을 이체하기 위한 트랜잭션을 생성하고 비트코인 네트워크에 전파하는 데 사용된다. 그러나 소프트웨어 월렛에는 트랜잭션 서명을 위한 니모닉이 저장되지 않으므로, 서명 작업은 하드웨어 월렛이 수행한다. 이 과정을 다음 그림에 나타내었다.

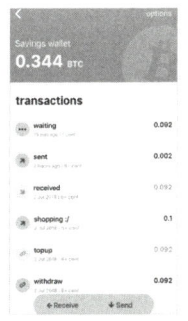   

① 소프트웨어 월렛에서 전송 선택 (Send)

② 수신자의 주소 (address) 입력 및 수수료(Fee) 설정

③ 수수료 선택 화면 빠름(Fast), 중간 (Medium), 천천히 (Slow) 중 선택

④ PSBT 생성

⑤ 하드웨어 월렛에서 스캔 QR (Scan QR) 메뉴 선택 후 소프트웨어 월렛에 출력된 QR 스캔

⑥ 하드웨어 월렛에서 전송될 주소와 수수료 확인

⑦ 소프트웨어 월렛에서 스캔 서명된 트랜잭션 (Scan Signed Transaction) 선택

 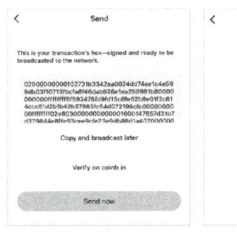

⑧ 소프트웨어 월렛에서 하드웨어 월렛에 표시된 서명된 트랜잭션 스캔

⑨ 소프트웨어 월렛에서 지금 전송(Send now) 선택 및 비트코인 네트워크로 전파

그림2 | 에어갭 트랜잭션의 생성 및 전파 과정[37]

먼저 소프트웨어 월렛의 비트코인 월렛에서 전송하기 Send 버튼을 누르면, 전송할 비트코인 주소 Address 와 수수료 Fee 를 설정하는 메뉴가 나타난다. 여기서 수신자의 비트코인 주소를 입력한다. 비트코인 주소는 길고 복잡하기 때문에, 직접 입력하기보다는 복사 후 붙여넣기나 QR 코드를 사용하는 것을 추천한다. 주소의 한 글자만 틀려도 잘못된 주소로 비트코인이 전송될 수 있으며, 이 경우 비트코인을 다시 되찾을 방법은 없다.

수수료는 현재 비트코인 네트워크의 혼잡도를 기준으로 빠르게 Fast, 중간 Medium, 천천히 Slow 중 하나를 선택할 수 있다. 그림에는 나타내는 않았지만 비트코인 전송에 대해 익숙한 사용자는 직접 수수료를 설정하는 커스텀 Custom 옵션을 선택할 수 있다. 수수료 설정에 따라, 트랜잭션이 비트코인 장부에 등록되는 시간이 크게 달라질 수 있으므로 목적에 맞는 수수료 설정을 하는 것이 중요하다.

모든 설정이 완료되면 비트코인을 전송하기 위한 트랜잭션이 소프트웨어 월렛의 화면에 QR 코드 형태로 생성된다. 하지만 소프트웨어 월렛에는 니모닉이 저장되어 있지 않으므로, 이 트랜잭션에는 사용자의 서명이 없는 상태로 생성된다. 이렇게 서명이 빠진 트랜잭션을 PSBT Partially Signed Bitcoin Transaction (부분 서명 비트코인 트랜잭션)이라고 부른다.

생성된 PSBT는 QR 코드 형태로 소프트웨어 월렛 화면에 표시된다. 하드웨어 월렛에는 앞서 주소 목록을 생성할 때와 같은 방식으로 니모닉을 입력한다. 이후 스캔 QR~Scan QR~ 메뉴를 선택하여, 하드웨어 월렛의 카메라로 소프트웨어 월렛의 PSBT QR 코드를 스캔하고, 하드웨어 월렛에서 다시 한 번 전송할 비트코인 주소와 수수료를 확인한다. 이와 같은 일련의 과정이 완료되면 하드웨어 월렛이 PSBT의 서명 공란을 자신의 니모닉을 활용해 채우고 완전한 트랜잭션을 만들어낸다. 그리고 이는 하드웨어 월렛 화면에 QR 코드로 표시된다.

이 QR 코드를 소프트웨어 월렛의 스캔 서명된 트랜잭션~Scan Signed Transaction~ 메뉴를 통해 카메라로 스캔하면, 완전한 형태의 트랜잭션이 소프트웨어 월렛으로 전송된다. 이후 사용자의 간단한 확인을 거친 뒤 소프트웨어 월렛은 이 트랜잭션을 비트코인 네트워크로 전파한다. 만약 소프트웨어 월렛에 자신의 노드를 등록해둔 경우, 사용자는 트랜잭션을 자신의 노드로 시작으로 비트코인 네트워크로 전파시킬 수 있다.

이 과정에서 가장 중요한 점은, 니모닉은 하드웨어 월렛에만 존재한 상태에서, 하드웨어 월렛이 소프트웨어 월렛에 물리적으로 연결되지 않은 채 트랜잭션이 생성되었다는 사실이다. 이러한 방식을 에어갭~Air-Gapped~ 트랜잭션이라고 한다. 에어갭 트랜잭션은 니모닉이 온라인에 노출되는 것을 원천적으로 차단할 수 있는 방식으로, 특별한 이유가 없다면 이 방법을 사용해 결제나 송금을 진행할 것을 권장한다.

개인 노드의 운영

앞서 파트 4에서 비트코인 노드의 역할에 대해 설명했다. 노드는 연결된 다른 노드로 트랜잭션을 전파하고, 수신한 트랜잭션을 블록에 기록하기 전까지 멤풀에 저장한다. 또한, 비트코인 장부를 유지하면서 채굴자가 생성한 새로운 블록을 검증하고, 유효한 경우 이를 장부에 추가한다. 노드는 비트코인 프로토콜의 구현체로서 네트워크 참여자들이 프로토콜을 따르도록 유도하는 역할도 한다.

노드를 운영하면 자신의 장부를 통해 BTC의 이동을 확인할 수 있으며, 자신의 트랜잭션이 성공적으로 전파되도록 설정할 수도 있다.

노드를 운영하는 방법은 다양하지만, 여기서는 한 가지 방법을 소개하겠다.

기기준비

노드를 실행할 기기가 필요하다. 노드는 항상 켜져 있어야 하므로, 크기가 작고 전력 소모가 적은 제품이 유리하다. 미니PC, 노트북과 같은 컴퓨터나 라즈베리파이, 오드로이드 같은 기기를 선택할 수 있다. 노드는 저사양 기기에서도 동작하지만, 장부 크기가 지속적으로 커질 것을 고려해 최소 SSD 2TB 이상의 저장장치를 추천한다.

엄브렐 OS 설치
기기에 엄브렐 OSUmbrel OS를 설치한다. 엄브렐 OS는 다양한 앱을 통해 노드 운영을 지원하는 운영체제다. 비트코인 코어Bitcoin Core뿐만 아니라, 익명화 기술인 토어Tor, 노드에 외부 접속을 지원하는 일렉트럼Electrum 등도 제공한다.
설치 방법은 엄브렐 OS 공식 사이트[38] 를 참조하거나 , 관련 인터넷 게시글을 참고하길 바란다.

완제품 옵션
기기 구매와 OS 설치가 번거롭게 느껴진다면, 엄브렐 홈Umbrel Home을 구매할 수도 있다. 엄브렐 홈 공식 사이트[39]에서 완제품을 구매하면, 인터넷 연결과 전원만으로 노드 기본 설정이 완료되어 쉽게 사용할 수 있다.

소프트웨어 월렛 연동
노드를 구성한 뒤, 소프트웨어 월렛에 노드 주소를 등록해 연동시킨다. 이를 통해 자신의 노드로 BTC 잔고를 확인하거나, 트랜잭션을 직접 전파할 수 있다.

노드를 운영하면 비트코인의 탈중앙화를 강화하는 데 기여할 수 있을 뿐 아니라, 자신의 장부를 직접 소유하고 트랜잭션을 전파하는 소중한 경험을 할 수 있다. 이를 통해 비트코인의 본질과 가치를 더 깊이 이해할 수 있는 경험을 해보기를 권한다.

개인 채굴

채굴은 작업 증명Proof of Work을 기반으로 다양한 채굴자가 경쟁하며 비트코인을 생산하는 과정이다. 현재 채굴 산업은 매우 고도화된 상태로, 채굴 전용 기기Application Specific Integrated Circuit, ASIC와 거의 무료에 가까운 전력을 확보한 기업과 국가가 경쟁에 참여하고 있다. 이로 인해 개인이나 소규모 회사가 채굴에 투자한 비용 대비 이득을 기대하기는 매우 어려운 환경이다.

개인 차원에서 채굴을 하는 것은 경제적 이득보다는 비트코인 네트워크의 탈중앙화에 기여하고, 이를 통해 네트워크의 안정성과 보안을 강화하는 데 의미가 있다. 또, 일부는 시중에서 구할 수 있는 비트코인 전용 채굴기를 구매해 채굴을 시도하며, 로또에 당첨되는 것과 비슷한 확률로 보상을 기대하기도 한다.

개인이 채굴을 할 때 선택할 수 있는 방식은 크게 두 가지로, 독자 채굴Solo Mining과 풀 채굴Pool Mining이다.

> **독자 채굴(Solo Mining)**
> 독자 채굴은 개인이 독립적으로 채굴을 진행하는 방식으로, 성공할 경우 채굴보상을 전부 독식할 수 있다. 만약 채굴을 통해 큰 보상을 노린다면, 이 방식을 선택하는 것이 적합하다. 다만, 현재의 경쟁 상황에서는 성공 확률이 극히 낮다. 그렇기 때문에 현실적으로 채굴을 할 가능성이 매우 낮음을 인지할 필요가 있다.
>
> **풀 채굴(Pool Mining)**
> 풀 채굴은 여러 채굴자가 힘을 모아 채굴에 참여하는 방식이다. 채굴에 성공하면 보상은 각 참여자의 기여도에 따라 나뉘어 분배된다. 기여도는 작업 증명 메커니즘을 활용해 정확히 측정된다. 이 방식은 매번 소량의 비트코인이라도 꾸준히 얻을 수 있기 때문에, 개인이 안정적으로 채굴에 참여할 수 있는 방법으로 적합하다.

개인 채굴은 기술적 장벽이나 기기를 별도로 마련해야 하는 진입 장벽이 있고, 채굴을 위한 경쟁이 매우 치열하여 여러 어려움이 있을 수 있다. 그러나 비트코인 네트워크의 탈중앙화와 보안 강화를 돕는다는 점에서 여전히 중요한 의미를 지닌다. 또한, 이를 통해 비트코인의 작동 원리를 직접 체험할 수 있는 기회가 될 수 있다.

와츠마이너WhatsMiner[40], 아발론마이너Avalon Miner[41], 앤트마이너Antminer[42] 등이 유명한 ASIC 비트코인 채굴기기이다.

자신의 돈을 타인에게 맡길 것인가?
혹은 조금 힘들어도 노력하여 직접 소유하는 방법을 택할 것인가?
어떤 선택을 할지는 각자의 몫이다.

PART 7

비트코인의 현재와 미래

희소한 것은 귀한 법이다.

"Things that are rare are precious."

- 세네카(Seneca)

비트코인은 인류 역사상 가장 우월한 화폐다. 기존의 모든 화폐를 뛰어넘는 특성을 갖춘 이유는, 누구도 임의로 조작하거나 통제할 수 없는 강력한 탈중앙화 네트워크 위에서 운영되기 때문이다.

이러한 특성과 절대적 희소성 덕분에, 비트코인은 전 세계의 개인, 국가, 기업 등 다양한 주체들에게 보유 동기를 부여한다. 하지만 이를 각자가 받아들이는 이유와 방식은 다르게 나타난다.

먼저 경제적으로 발전한 나라에서는 개인과 기업의 비트코인 선점 움직임이 활발하다. 개인들은 비트코인의 희소성과 강력한 가치 저장 기능을 인식하고 이를 장기적인 자산 보호 수단으로 축적하며, 금융 자유를 보장하는 화폐로서의 가치를 높이 평가한다. 금융 시장에 참여하는 기관 투자자들 또한 자산 가치를 지키기 위한 방안으로 비트코인을 매입하며, 일부 대기업들은 자산의 일부를 비트코인으로 보유하기 시작했다.

국가 차원에서도 비트코인의 중요성을 인식하는 움직임이 나타나고 있다. 비트코인은 중앙은행이 통화 공급을 조절할 수 없다는 점에서 기존 화폐 시스템을 유지해 온 정부와 금융 당국에 도전 과제가 된다. 그러나 동시에 디지털 자산 시장에서 주도권을 확보할 기회이기도 하다. 이에 따라 일부 국가는 비트코인을 법적·제도적으로 수용하며 새로운 금융 환경에 대비하고 있고, 활용 방안을 연구하고 있다.

특히 미국에서는 2025년 3월, 도널드 트럼프 대통령이 비트코인을 국가 전략 자산Strategic Reserve으로 채택했으며, 여러 주정부가 이를 공식적으로 도입하기 위한 법안을 발의해 논의 중이다. 또한, 비트코인 ETF 출시 및 규제 완화 등 다양한 제도가 도입되면서 국가, 주정부, 기업, 연금 기관 등이 빠르게 비트코인을 채택하는 추세다. 이러한 흐름은 다른 국가들도 비트코인 도입을 경쟁적으로 추진하도록 유도하고 있다.

반면, 미국과 경쟁하는 일부 국가는 비트코인을 정치적·경제적 독립 수단으로 활용하려 한다. 이를 통해 미국이 주도하는 국제 금융 시스템에서 벗어나 경제 주권을 강화할 수 있기 때문이다. 특히 서방의 금융 제재를 받는 국가는 기존 국제 결제망을 우회하는 대안으로 비트코인을 고려하고 있으며, 일부 중앙은행은 외환 보유고 다변화 전략의 일환으로 이를 포함하는 방안을 검토하고 있다.

정치적으로 불안정한 국가에서는 정부가 국민들에게 자국 통화 사용을 강요하면서 극심한 인플레이션을 초래하거나 급격한 화폐 개혁을 단행하는 경우가 많다. 이러한 정부는 외국 통화 사용과 대체 자산 보유를 정부에 대한 위협으로 간주하며, 법적으로 금지하고 강력한 처벌을 가하기도 한다. 일부 국가에서는 이를 어길 경우 징역형은 물론 사형까지 선고하는 극단적인 사례도 있다.

이처럼 억압적인 환경에서 비트코인은 거의 유일한 대안이 된다. 물리적 형태가 없는 디지털 자산이기에 정부가 이를 직접 몰수하거나 추적해 압수하는 것이 현실적으로 어렵다. 즉, 국가가 국민들의 자산을 장악하려는 상황에서 비트코인은 사유 재산을 보호할 수 있는 유일한 수단에 가깝다.

사유 재산이 통제된 사회에서는 필연적으로 자유가 제한된다. 재산권이 박탈된다는 것은 단순히 돈을 잃는 문제가 아니라, 생존과 생활 방식에 대한 선택권마저 사라진다는 의미다. 국가가 개인의 경제적 자유를 장악하면 국민들은 자신의 미래를 결정할 수 없게 되며, 이는 삶의 희망을 잃게 되는 결과로 이어진다.

결국, 비트코인은 단순한 투자 수단이 아니라 각국의 경제적·정치적 상황에 따라 다양한 방식으로 활용되며, 점점 더 많은 국가와 개인들에게 필수적인 자산이 되어가고 있다. 이러한 흐름 속에서 비트코인을 이해하고 미리 확보하는 것은 개인과 국가의 경쟁력을 결정짓는 중요한 요소라고 할 수 있다.

중대한 변화의 흐름 속에서, 안타깝게도 한국에서는 정부, 국가 기관, 정치권, 그리고 대부분의 국민이 비트코인에 대해 일관되게 배타적인 입장을 취하고 있다.

2022년 3월, 한국은 전 세계에서 가장 먼저 트래블 룰 Travel Rule 을 암호화폐 거래소에 도입한 첫 번째 국가가 되었다. 이 규정의 도입은 국제자금세탁방지기구 Financial Action Task Force, FATF 의 권고안을 따른 것으로, 자금세탁과 테러자금 조달을 방지하기 위한 목적을 가진다. 이에 따라, 거래소에서 비트코인을 포함한 암호화폐를 입출금할 때 시가 100만 원 이상이면 송금자와 수취자의 정보를 거래소에 기록하도록 강제하고 있다. 뿐만 아니라, 사전에 지정된 몇 개의 해외 거래소를 통해서만 입출금이 가능하도록 제한했다.

2025년에는 국내 암호화폐 거래소들이 시가 100만 원 미만의 암호화폐 출금에도 트래블 룰을 적용하는 추세다. 더 나아가, 비트코인을 해외 거래소로 출금할 때 자금 출처를 소명하도록 요구하며, 이는 일개 암호화폐 거래소가 개인 은행 계좌의 전체 거래 내역 제출을 요구하는 수준에 이르고 있다. 이러한 규정은 지나친 사생활 침해일 뿐만 아니라, 비트코인을 구매하고 거래소 외부로 출금하는 과정을 더욱 불편하게 만들어 국민들의 비트코인 보유를 막는 결과를 초래한다.

한편, 비트코인 ETF Exchange Traded Fund는 2021년 캐나다와 브라질에서, 2024년에는 미국, 호주, 홍콩 등지에서 출시되어 전례 없는 흥행을 기록하고 있다. 그러나 한국에서는 자본 유출을 이유로 국내 비트코인 ETF 출시를 금지할 뿐만 아니라, 해외에서 출시된 비트코인 ETF의 구매조차 막고 있다.[43] 다만 국내에서 비트코인 ETF 출시를 긍정적으로 검토하고 있다는 소식도 있어, 가까운 미래에는 ETF가 출시될 가능성도 존재한다.[44]

> **비트코인 ETF(Exchange Traded Fund)**
> 비트코인을 주식처럼 거래할 수 있도록 출시된 상품

한편, 많은 개인 방송 제작자들은 미신에 가까운 지식을 바탕으로 비트코인 가격 차트의 패턴을 분석하여 폭등이나 폭락을 예측하고, 이를 통해 투기를 부추기고 있다. 더욱이, 이들 중 다수는 변동성이 크고 본질적으로 중앙화된 암호화폐라는 모순을 가진 알트코인의 구매를 유도하는 데 집중하고 있다.✦

✦ 일부 훌륭한 비트코인 개인 방송 제작자들이 있긴 하지만 일반 대중들이 옥석을 가리기가 매우 힘든 실정이다. 대표적으로 '1분비트코인'이나 '네딸바' 등의 유튜브 제작자는 높은 수준의 비트코인 콘텐츠를 제공한다. 다만 비트코인을 소개하는 척하면서 다른 알트코인 및 자신이 창시한 코인을 소개하여 구매를 유도하는 콘텐츠 제작자들에 대해서는 각별한 주의가 필요하다.

소위 국내 지식인이나 전문가라 불리는 사람들은 비트코인에 대해 지엽적인 수준의 지식을 바탕으로 튤립 버블, 폰지 사기, 더 큰 바보 이론 등을 끌어와 비관론을 늘어놓는다. 그러나 단언컨대, 비트코인을 비판하는 지식인과 전문가 중에서 비트코인에 대해 제대로 이해하고 비판하는 사람은 아직 단 한 명도 보지 못했다.

튤립 버블

17세기 네덜란드에서 튤립 가격이 비정상적으로 폭등했다가 급격히 붕괴한 사건이다. 튤립은 장기적 가치 보존의 수단이나 교환 수단으로 사용될 수 없어 비트코인과는 근본적으로 다르다. 또한 튤립 버블은 정보 교환의 속도가 느리던 17세기에도 몇 달 정도 밖에 지속되지 않은 반면, 비트코인은 21세기에도 16년 이상 지속되며 그 사용 저변이 확대되고 있다.

폰지 사기

신규 투자자의 돈으로 기존 투자자에게 수익을 지급하는 방식의 금융 사기 수법이다. 비트코인은 신규 투자자의 돈을 기존 투자자에게 지급하는 방식으로 동작하지 않는다.

더 큰 바보 이론

자산의 가격이 오르려면 나보다 더 높은 가격에 사줄 '더 큰 바보'가 있어야 한다는 이론으로, 모든 자산의 가격 상승은 나보다 더 높은 가격에 사줄 사람이 있어야 한다. 이는 주식, 부동산도 예외가 아니기 때문에, 유독 비트코인에 대해 이 이론을 가지고 설명하는 것은 적절치 않다.

대부분의 지식인들은 기존의 지식만으로는 비트코인을 해석하는 것이 어렵다는 사실을 인지하지 못한 채, 피상적인 분석을 통해 부정적인 결론을 내린다. 더욱이, 자신이 비트코인을 제대로 이해하지 못했다는 사실조차 자각하지 못한 채 이를 대중에게 전파하고 있으며, 이로 인해 오히려 비트코인에 대한 편견과 오해를 확산시키는 역할을 하고 있다.

이런 분위기에 편승한 탓인지, 대부분의 언론과 대중은 여전히 비트코인을 투기나 조롱의 대상으로 바라보고 있다. 아이러니하게도, 비트코인을 보유하지 않은 많은 사람에게 과거의 자신에게 한마디를 전할 수 있다면 무엇을 말할지 묻는다면, "당장 전 재산을 비트코인에 투자하라"고 답할 것이라는 이야기를 종종 들을 수 있다. 이는 과거에 비트코인의 가치를 제대로 이해하지 못해 매수를 망설였던 대중이 결국 가격 상승에만 반응하며, 여전히 비트코인을 단순한 일확천금의 수단으로 인식하고 있음을 여실히 보여준다.

과거로 돌아가 비트코인을 구매할 수는 있겠지만, 과연 오랜 기간 동안 보유할 수 있었을까? 이를 생각해 본다면, 쉽게 긍정적인 답을 내리기는 어려울 것이다.

이 파트에서는 한국에서 팽배한 비트코인에 대한 부정적 시각과 달리, 전 세계적으로 비트코인 채택이 어떻게 진행되고 있는지를 설명할 것이다.

우선, 전 세계 국가, 기관, 법인 차원에서 비트코인이 어떻게 채택되고 있는지를 살펴볼 것이다. 이를 논의하기에 앞서, 비트코인을 채택하는 대부분의 주체들이 단순한 도박이나 일확천금을 노리는 것이 아님을 분명히 하고자 한다. 이들은 비트코인의 절대적 희소성과 탈중앙화라는 본질을 이해하고 있으며, 각자의 필요에 따라 전략적으로 이를 채택하고 있다.

개인은 가치 저장 수단으로서, 그리고 금융 통제로부터의 자유를 위해 비트코인을 보유하며, 일부는 생존을 위해 이를 선택할 수밖에 없는 환경에 놓여 있다. 기관 투자자들은 인플레이션에 대한 방어 수단이자 포트폴리오 다변화 수단으로 활용하며, 일부 국가는 절대적 희소성을 지닌 자산을 선점하거나, 금융 제재를 우회하고 외환 보유고를 다변화하기 위한 수단으로 비트코인을 활용하고 있다.

다음으로, 비트코인의 본원적 경쟁력이 어떻게 진화하고 강화되고 있는지를 설명하겠다. 구체적으로는 네트워크 노드 수, 채굴 해시율, 난이도 조절, 비트코인 결제를 지원하는 매장 수 등의 지표를 중심으로 살펴볼 것이다. 이를 통해 비트코인 네트워크가 얼마나 견고해지고 있으며, 사용 저변이 얼마나 확장되고 있는지를 확인할 것이다.

이처럼 비트코인 네트워크가 점점 강력해지는 가운데, 전 세계적으로 비트코인을 더 많이 소유하려는 움직임이 활발해지고 있다. 공급량이 명확히 정해진 자원을 확보하려면, 시간이 지날수록 더 많은 비용을 지불할 수밖에 없기 때문이다.

이러한 세계적 흐름과 한국의 현실을 비교하면, 섬뜩함과 절망감마저 느껴질 수 있다. 절대적으로 희소한 자원인 비트코인을 축적할 기회를 놓친다면, 국가와 기업이 경쟁력 있는 수준의 비축량을 확보할 방법은 거의 사라질 것이다. 한국의 국민, 관료, 정치인, 기업인들은 시간이 얼마 남지 않았음을 하루빨리 깨달아야 한다.

초기 비트코인의 채택 과정

비트코인이 처음 탄생한 2009년으로 돌아가 보자. 당시에는 암호학과 컴퓨터 과학에 관심이 많으면서 사생활 보호와 자유를 중시하는 일부 개인들이 비트코인 네트워크에 참여했다. 초기의 비트코인 거래는 주로 온라인 포럼을 통해 개인 간 거래 형태로 이루어졌다. 비트코인의 가격은 대개 채굴 시 발생하는 전기료를 기준으로 책정되었다. 당시에는 정확한 비트코인 시세가 존재하지는 않았지만, 대략적으로 1BTC의 시세는 미 달러로 1센트도 되지 않을 만큼 미미한 수준

이었다.♦

 2010년부터 비트코인 거래소가 생겨나기 시작하면서, 법정화폐와 비트코인을 교환할 수 있는 플랫폼이 등장했다. 초기 거래소로는 미국의 비트코인마켓Bitcoin Market과 일본의 마운트곡스Mt. Gox가 있다. 이후 다양한 거래소가 설립되었는데, 대표적으로 2012년 미국의 코인베이스Coinbase, 유럽 기반의 비트파이넥스Bitfinex, 그리고 2017년 중국의 바이낸스Binance가 있다. 한국에서는 코빗(2013년 설립), 빗썸(2014년 설립), 업비트(2017년 설립) 등이 주요 거래소로 자리 잡았다.

 거래소의 도입으로 인해 비트코인에 정식 시세가 부여되었고, 전 세계의 다양한 개인이 미 달러와 같은 법정화폐로 비트코인을 손쉽게 구입하고 소유할 수 있게 되었다. 이렇게 늘어난 사용자들로 인해 네트워크 효과가 발생하였고, 비트코인이 현재와 같은 위상을 빠르게 갖게 되는 데 결정적인 역할을 했다.

> **네트워크 효과**
> 어떤 상품의 가치가 사용자 수의 제곱에 비례한다는 이론이다.

♦ 2010년 5월 미국에서 시세 25달러의 피자 두 판을 1만 BTC로 사 먹은 일화가 있다. 이를 통해 1BTC의 가격을 계산해 보면 0.5센트가 된다.

초기에 개인 차원에서 비트코인이 널리 채택된 나라는 미국을 필두로 중국(홍콩), 일본, 유럽연합, 호주, 캐나다, 싱가포르, 스위스 등이 있다. 이들 국가는 높은 교육 수준, 자본력, 그리고 금융에 대한 이해도가 뒷받침된다는 공통점을 갖는다.

비트코인은 개인 차원에서 채택되기 시작했으며, 이후 꾸준한 관심을 받으면서 비트코인의 비전을 알아본 기업들이 하나둘씩 등장하기 시작했다.

대표적으로 설립된 비트코인 관련 기업은 비트코인 결제 기업인 비트페이 Bitpay (2011년), 비트코인 거래소인 코인베이스 Coinbase (2012년), 비트코인 기술을 연구하는 블록스트림 Blockstream (2014년) 등이 있다.

또한, 2012년부터 투자사들이 비트코인 관련 기업에 적극적으로 투자하기 시작했다. 대표적인 투자사로는 블록체인 캐피털 Blockchain Capital, 안드리센 호로위츠 Andreessen Horowitz, 유니언 스퀘어 벤처스 Union Square Ventures, 라이트스피드 벤처 파트너스 Lightspeed Venture Partners, 와이 콤비네이터 Y Combinator 등이 있다. 이들 중 일부는 전 세계적으로 매우 유력한 투자회사로 손꼽힌다.

당시에는 비트코인이 탄생한 지 얼마 되지 않았고, 큰 시세를 형성하기 이전이었기 때문에 대규모 투자가 이루어지지는 않았다. 그러나 비트코인 관련 기업들과 이들 기업에 투자한 투자사들은 비트코인 생태계의 초기 성장과 기술 개발을 지원하며 중요한 역할을 했다.

비트코인 네트워크의 발전과 관련하여 기업이 중요한 역할을 한 부분 중 하나는 바로 채굴 산업이다. 초기에는 개인들이 자신의 컴퓨터에 탑재된 CPU(중앙처리장치)나 GPU(그래픽 카드)를 활용하여 비트코인을 채굴했다. 그러나 CPU와 GPU는 범용으로 설계된 칩으로, 전력 소모와 가격 대비 계산 능력 면에서 비효율적이었다.

이러한 한계를 극복하기 위해 비트코인 채굴만을 위한 하드웨어가 개발되기 시작했는데, 이를 채굴기라 부른다. 채굴기는 범용 하드웨어와 반대되는 개념으로, ASIC Application Specific Integrated Circuit 채굴기라고도 불린다. ASIC은 반도체 업계에서 특수 목적을 위해 제작된 하드웨어를 뜻하는 용어다.

ASIC 채굴기는 오로지 채굴만을 위해 설계되고 개발되었기 때문에, 전력 소모를 줄이고 연산 속도를 크게 향상시키는 동시에 도입 단가 면에서도 혁신을 이루었다. 현재 대부분의 비트코인 채굴은 ASIC 채굴기를 통해 이루어지고 있다.

ASIC 채굴기를 설계, 개발, 양산하는 데는 높은 비용이 필요하기 때문에, 개인이 생산하기는 어려웠다. 이로 인해 2010년대 초반부터 전 세계 각국에서 ASIC 채굴기를 생산하는 기업들이 등장하기 시작했다. 미국의 버터플라이 랩스Butterfly Labs, 해시패스트HashFast, 비트퓨리BitFury, 스웨덴의 KnC마이너KnCMiner 같은 기업들이 ASIC 제작을 시작했지만, 시장의 절대 강자는 중국의 비트메인Bitmain이었다.

비트메인은 2013년 후반부터 상업용으로 최적화된 앤트마이너Antminer 시리즈를 출시하며 채굴 산업에 본격적인 혁신을 가져왔다. 이 채굴기는 낮은 전력 소모와 높은 해시 속도로 시장에서 선두 자리를 차지했다. 비트메인은 채굴기를 생산하는 데 그치지 않고, 자체적으로 채굴을 진행하거나 앤트풀Antpool이라는 채굴 풀을 운영하여 시장의 지배적인 채굴 주체로 자리 잡았다.

ASIC 채굴기가 기업에서 양산되기 시작하면서, 채굴자들 역시 점점 더 기업화되었다. 개인보다 저렴한 전력을 확보하고 넓은 땅을 활용하여 대규모 설비를 갖추기에 유리했기 때문이다.

이처럼 비트코인에 열성적인 개인들이 점점 늘어나면서, 일부 비트코인 관련 기업들과 투자사들이 비트코인의 발전을 견인했다. 채굴 산업에서는 비교적 초기부터 기업들이 시장을 장악하며 영향력을 확대했으며, 이러한 채굴 산업의 구도는 현재까지도 이어지고 있다.

또한, 2014년부터 델Dell, 마이크로소프트Microsoft, 오버스톡Overstock, 익스피디아Expedia와 같은 기업들이 비트코인 결제를 허용하기 시작했다. 이로 인해 비트코인이 실제 결제 수단으로 활용될 수 있음을 대중이 인식하게 되었다. 그러나 초기에 비트코인 결제를 도입했던 많은 기업들은 사용량이 적고 운영 비용 대비 효과가 낮다는 이유로 몇 년 뒤 결제를 철회했다는 한계도 있다.

2020년대에 들어서면서, 2021년에는 일론 머스크가 CEO로 있는 전기차 기업 테슬라Tesla가 비트코인을 보유하고 결제를 허용하며 주목받았다. 또한, 마이클 세일러Michael Saylor가 창업주이자 회장을 맡고 있는 스트레티지Strategy에서 비트코인을 대규모로 매입하기 시작했다.* 테슬라는 2021년에 4만 개 이상의 BTC를 매수했지만, 2021년에는 보유량의 10%, 2022년에는 나머지 75%를 매도했다. 또한 채굴 시 사용되는 화석 연료가 환경에 악영향을 미칠 수 있다는 이유로 2021년 5월에 결제를 중단하였다. 반면, 스트레티지는 초기 매수 이후 전환사채 발행, 주식 증자 등을 통해 자금을 끌어들여 지속적으로 BTC를 매수하며 보유량을 확대해 나갔고, 상장 회사 중 가장 많은 BTC를 보유하고 있는 회사이다.

비트코인이 탄생한 후 꾸준한 발전이 있었지만, 몇 가지 큰 부침을 겪기도 하였다.

2014년에는 마운트곡스 해킹 사건이 발생하여 약 850,000개의 BTC가 도난당했다. 또, 중국은 꾸준히 비트코인 규제를 해오다가 2021년에 모든 암호화폐의 채굴과 거래를 불법으로 규정하면서 시장에 큰 영향을 미쳤다. 2017년에는 '블록 사이즈 전쟁'[**]으로 일컬어지는 비트코인 프로토콜에 대한 내분이 생겨났다. 이로 인해 비트코인과 비트코인 캐시가 분리되어 비트코인에 큰 위협이 되기도 하였다. 또한, 2022년에는 대형 거래소였던 FTX 거래소가 파산하면서 암호화폐 시장 전반에 심각한 불안을 초래하였다.

이와 같은 몇 가지 부침에도 불구하고, 비트코인이 처음 탄생한 2009년 이후부터 2020년 초반까지 비트코인은 네트워크의 안정성, 탈중앙성, 사용자 수의 증가 등 비약적인 발전을 이루어냈다. 그럼에도 강대국이나 자본이 풍부한 상위 기업들의 채택은 제한적이었지만, 2024년부터는 이러한 양상에 큰 변화가 나타날 조짐이 보이기 시작했다. 이를 주도하는 것은 세계 최강대국인 미국이다.

- [*] 2025년 2월에 사명을 스트레티지(Strategy)로 변경하였으며, 이전 사명은 마이크로스트레티지(Microstrategy)이다.
- [**] 이 내전을 주도한 사람은 비트메인의 공동 창업주 우지한으로, 그는 막대한 채굴 파워를 바탕으로 비트코인의 블록 크기를 변경하려 했고, 큰 위기를 초래했다. 강력한 영향력을 가진 채굴자들조차 비트코인 프로토콜을 함부로 수정하려다 실패했다는 점에서 중요한 의미를 갖는 사건이다.

미국 내 환경의 변화
비트코인 ETF의 출시, 공정 가치 회계 기준의 적용, 그리고 은행 규제 완화

 2024년 1월 10일, 미국 증권거래위원회Securities and Exchange Commission, SEC는 비트코인 ETF의 출시를 승인했다. 세계 최대 자산 운용사인 블랙록BlackRock, 미국 내 상위 5위에 드는 자산 운용사인 피델리티Fidelity, 성장형 기업 투자로 유명한 아크 인베스트ARK Investment 등 총 11개 기관이 비트코인 ETF의 출시 허가를 받았다. 이는 비트코인이 제도권 금융 시장에 편입되었음을 상징하는 중요한 이정표로 평가된다.

 비트코인 ETF는 비트코인의 가격 변동에 연동된 금융 상품으로, 투자자들이 이를 주식처럼 손쉽게 사고팔 수 있도록 설계되었다. ETF를 출시한 금융 기관은 ETF 자금 규모에 따라 비트코인을 매수하거나 매도하며, 이를 신탁 계좌*에 안전하게 보관한다. ETF의 가격은 비트코인의 시세에 따라 결정되며, 투자자들은 이를 주식시장에서 자유롭게 거래할 수 있다.

 이를 통해 투자자들은 비트코인을 직접 구매하거나 보관하지 않고도, 전통적인 주식 거래 방식으로 간편하게 비트코인에 투자할 수 있

♦ 비트코인을 보관하는 계좌로, 대표적으로 코인베이스와 같은 미국 상장 거래소에서 이 계좌를 운용한다.

다. 예를 들어, 투자자는 주식 거래 계좌를 통해 비트코인 ETF를 매수할 수 있으며, 이는 비트코인을 직접 보유할 때 발생하는 기술적 복잡성(예: 월렛 관리, 보안 문제, 복구 키 분실 위험 등)을 피할 수 있도록 한다.

다만, 비트코인 ETF에 투자하려는 경우, ETF 상품은 비트코인의 가장 강력한 특징인 금융 주권과 탈중앙화 화폐로서의 본질적 가치를 제공하지 못한다는 점을 명확히 인식해야 한다. ETF는 비트코인의 가격에 연동되는 상품으로 사용자들에게 편리성을 제공하지만, 비트코인을 직접 소유함으로써 얻을 수 있는 독립성과 네트워크 참여 권리는 누릴 수 없다는 한계를 갖는다.

그러나 세계 최강대국인 미국에서의 비트코인 ETF 출시는 비트코인에 대한 접근성을 크게 향상시키는 데 일조하였고, 개인과 기업 차원에서 다음과 같은 큰 의의를 갖는다.

먼저 개인 차원의 접근성에 대해 생각해 보겠다. 비트코인을 직접 보관하는 데 어려움을 느끼거나, 비교적 규모가 작고 역사가 짧은 거래소를 신뢰하지 않는 사용자들은 ETF를 통해 간접 소유하기를 원할 것이다.

특히 개인들이 비트코인 투자에 참여할 수 있는 매우 큰 시장은 미국의 개인 퇴직연금제도인 401(k)이다. 이는 미국 금융 시장에서 막대한 규모를 차지하며, 개인 투자자들은 401(k)에 예치된 은퇴자금으로 직접 금융 상품이나 주식을 구매할 수 있다. 비트코인 ETF의 출시로 인해 이 거대한 자금이 비트코인 시장으로 유입될 가능성이 열렸다.

다음으로, 비트코인 ETF의 출시로 기업이나 연금 기관에서 비트코인 시장으로 손쉽게 자금이 유입될 수 있게 되었다.

이미 골드만 삭스 Goldman Sachs, 모건 스탠리 Morgan Stanley, 웰스 파고 Wells Fargo와 같이 큰 규모의 금융 기관뿐만 아니라, 위스콘신 주의 퇴직연금을 관리하는 SWIB State of Wisconsin Investment Board, 미시간 주 연금 시스템 State of Michigan Retirement System 등에서 큰 규모의 비트코인 ETF를 소유하고 있음을 밝혔다.

비트코인 ETF는 역사적으로 가장 빠른 속도로 자금이 유입된 ETF이다. 이는 미국의 많은 기업과 개인들이 비트코인에 가치를 부여하기 시작했다는 것을 알 수 있게 하는 중요한 지표이다.

비트코인 ETF의 출시와 더불어, 미국 내에서 기업이 비트코인을 채택하여 보유할 수 있는 또 다른 기반이 마련되었다. 2024년 12월 15일부터 미국 재무회계기준위원회 FASB, Financial Accounting Standards

Board에서 공정가치 회계 기준을 공식적으로 적용하기로 결정한 것이다.

이 기준이 도입되기 전, 미국의 기업은 보유한 비트코인의 가격이 하락하면 재무제표상에 손실로 기록해야 했다. 또한 가격이 다시 상승하여 이익이 발생했다 하더라도 비트코인을 매도하기 전까지는 이를 재무제표에 반영할 방법이 없었다. 따라서 비트코인의 도입을 고려하던 기업들이 있었을지라도, 그 기업의 고위 인사들이 개인적으로 너무 큰 위험을 감수해야 했기 때문에 현실적으로 도입이 쉽지 않은 상태였다.

예를 들어, 어떤 기업의 재무를 담당하는 CFO Chief Financial Officer가 비트코인이 매우 희소하고 전략적으로 회사에 유용한 자산임을 인지하기 시작했다고 가정해 보자. 그렇다 하더라도 비트코인을 매입한 후 일시적 가격 하락이 시작되면 그 손실분이 재무제표상에 기록되어야 했다. 이후 아무리 가격이 상승하더라도, 매도하기 전까지는 비트코인 구매가 회계상 손실로 잡혀 회사의 재무제표에 악영향을 주기 때문에 비트코인의 도입을 망설일 수밖에 없는 상황이었다. 대다수의 주주나 투자자는 매출, 손실, 순익 같은 큰 틀의 수치를 중시하기 때문에, 재무제표에 악영향을 주는 자산을 매입하는 것을 탐탁치 않아 할 것이기 때문이다.

새로운 공정가치 회계 기준은 보유한 비트코인의 시장 가치를 실시간으로 재무제표에 반영할 수 있도록 하였다. 따라서 비트코인의 가치 상승과 하락을 정확히 재무제표에 반영할 수 있게 되었고, 비트코인의 성장을 낙관적으로 보는 기업인들이 큰 부담 없이 이를 회사의 자산으로 편입할 수 있게 되었다.

마지막으로, 은행에 대한 규제 또한 완화되었다. 2025년 1월, 미국 증권거래위원회 SEC는 SAB 121 Staff Accounting Bulletin 121을 공식 철회했다. SAB 121은 2022년 3월 시작된 규제로서, 은행을 포함한 금융기관이 비트코인과 같은 암호화폐를 보유하거나 수탁(고객을 대신하여 보관)할 경우, 이를 회계상 부채로 간주하도록 한 규정이었다. 예를 들어, 은행이 1억 달러 상당의 비트코인을 보유하거나 수탁하면, 이를 회계적으로 1억 달러의 부채로 기록해야 했다.

이 규정으로 인해 은행과 대형 금융기관이 비트코인을 보유하거나, 고객을 위한 수탁 서비스를 제공하는 것이 사실상 어려운 실정이었다. 그러나 2025년 1월 SAB 121이 철회되면서, 금융기관들이 비트코인 보유 및 수탁 서비스 제공에 나설 수 있는 길이 열렸다.

앞서 설명한 것처럼, 비트코인 ETF의 출시로 인해 개인의 은퇴 자금과 기업 자금의 접근성이 크게 향상되었으며, ETF의 높은 흥행과 비트코인의 가격 상승을 통해 실질적인 수요 증가가 확인되었다. 또한, 2024년 말 도입된 공정가치 회계 기준으로 인해 기업의 비트코인 채택을 가로막던 회계적 장벽이 제거되면서, 더 많은 기업이 비트코인을 도입할 가능성이 높아졌다. 마지막으로, 2025년 SAB 121의 철회는 은행을 포함한 금융기관들이 본격적으로 비트코인 산업에 참여할 수 있는 기반을 마련했다.

이처럼 비트코인의 채택을 저해하던 주요 규제들이 해소되었으며, 이는 미국 내에서 비트코인 채택이 더욱 가속화될 가능성을 시사한다. 향후 미국 시장에서 비트코인이 어떻게 채택되어갈지 주목할 필요가 있다.

미국 정부 차원의 채택

2025년 3월 9일, 미국 백악관의 공식 X(구 트위터) 계정에는 다음과 같은 선언이 올라왔다. "미국은 세계의 비트코인 초강대국이 될 것이다. 미국의 황금기가 시작되었습니다!"[45] 이 발표는 비트코인 역사에서 중요한 전환점으로 평가될 수 있다. 그 배경을 살펴보자.

2024년 11월 5일, 도널드 트럼프가 미국의 47대 대통령으로 당선되었다. 그는 선거 기간 내내 비트코인에 대해 우호적인 입장을 보이며 주목받았다. 특히 2024년 7월, 내슈빌Nashville에서 열린 비트코인 2024 컨퍼런스에서 당시 대통령 후보였던 트럼프는 자신이

'친(親) 비트코인 대통령'이 될 것이며, 비트코인을 미국의 전략 비축물 Strategic National Stockpile에 포함할 것이라고 선언했다.

2025년 1월 20일 대통령 취임 후, 트럼프는 후보 시절보다 더욱 적극적인 행보를 보였다. 특히 2025년 3월 6일, 그는 비트코인을 국가 전략 비트코인 준비금 Strategic Bitcoin Reserve으로 지정하는 행정명령 Executive Order에 서명했다. 이는 국가 차원에서 최초로 비트코인을 전략적 준비금으로 공식 채택한 사례다.

> **행정명령(Executive Order)**
> 미국 대통령이 의회의 입법 절차를 거치지 않고 직접 발표하는 명령으로, 연방 기관들에게 정책을 시행하도록 하는 법적 효력을 지닌다.

해당 행정명령의 세부 내용은 백악관 홈페이지에 공개되었다.[46] 미국 정부는 비트코인은 전략적 준비금 Strategic Reserve으로, 기타 암호화폐는 미국 디지털 자산 비축물 U.S. Digital Asset Stockpile로 구분하여 정의했다. 트럼프가 후보 시절 언급했던 비축물 개념에서 더 나아가 비트코인을 전략적 준비금으로 한 단계 격상한 것이다.

전략적 준비금과 비축물의 차이는 행정명령에서 더욱 구체적으로 드러난다. 미국 정부는 비트코인을 전략적 준비금으로 지정했으며, 초기 보유분은 범죄 등에 사용되었다가 정부가 몰수해 보관하고 있는 자산으로 구성되었다. 정부는 이렇게 확보한 비트코인을 매각하지 않고 계속 보유할 계획이며, 세금 부담 없이 추가 매입할 수 있는 전략을 마련할 것이라고 명시했다.✦ 반면, 기타 암호화폐는 몰수된 자산을 비축물로 보유하지만, 추가 매입 계획은 없으며 필요에 따라 매각이 가능하도록 규정되었다.

이를 통해 미국 정부가 비트코인과 기타 암호화폐를 명확히 구분하고 있음을 알 수 있다. 즉 비트코인은 지속적으로 보유하면서 추가 확보 방안을 모색하는 반면 다른 암호화폐는 신중한 검토 후 처분하거나 활용하는 방향으로 정책이 설정되었다. 이는 비트코인이 다른 암호화폐와 달리 탈중앙화, 절대적 희소성 그리고 통제 불가능한 특성을 지니고 있음을 미국 정부가 명확히 인식한 결과로 보인다.

이와 더불어 미국 정치권에서도 비트코인을 전략 준비금으로 채택하려는 움직임이 빠르고 폭넓게 확산되고 있다. 이를 이해하기 위해 미국의 정치 구조를 간략히 살펴보겠다.

미국은 총 50개의 주State로 이루어져 있으며 각 주에는 독립적인 주정부State Government가 존재한다. 이 50개 주가 연합하여 미국 연방정부Federal Government를 구성한다. 연방 의회Federal Congress는 연방 상

✦ 세금 없이도 비트코인을 구매할 수 있는 방법은 매우 많다. 단적인 예로, 기존 국가에서 보유한 금을 포함한 자산을 매각하고 구매할 수 있다.

원U.S. Senate과 연방 하원U.S. House of Representatives으로 이루어져 있다. 연방 상원의원은 각 주에서 2명씩 선출되며 총 100명으로 구성된다. 연방 하원의원은 총 435명으로 각 주의 인구 비율에 따라 배정된 지역구 수에 따라 선출된다. 연방 의회에 제출된 법안은 상원과 하원을 모두 통과해야 연방 법Federal Law으로 제정될 수 있다.

각 주State에도 연방 의회와 유사하게 주 상원State Senate과 주 하원State House으로 구성된 독립적인 입법 기관이 존재한다. 마찬가지로 주법State Law 역시 주 상원과 하원을 모두 통과한 뒤 주지사Governor의 서명을 받아야 법으로 제정된다.

이제 미국 연방정부와 주정부 차원에서 비트코인 관련 법안이 어떻게 제출되고 논의되고 있는지를 살펴보겠다. 먼저 연방정부 차원에서는 신시아 루미스Cynthia Lummis 연방 상원의원이 2024년 7월에 대표 발의한 Bitcoin Act of 2024가 있다. 이 법안의 핵심 내용은 미국 재무부가 최대 100만 개의 비트코인을 구매하여 전략적 준비금으로 채택하는 것(이미 행정명령으로 일부 달성됨)과 비트코인 총 생산량의 약 5%를 보유하도록 하는 것이다.

또한, 법안에 따르면 구매한 비트코인은 최소 20년 동안 보유해야 하며, 미국의 부채를 상환하는 경우에만 사용할 수 있도록 제한하고 있다. 그러나 해당 법안은 동료 의원들의 큰 호응을 얻지 못하면서 본격적인 논의와 표결이 진행되지 못하고 폐기되었다. 이후 비트코인 전략적 준비금 정책이 시행되는 흐름에 맞춰 2025년 3월 11일에 법안이 재발의되었다. 이 법안은 2025년 5월 기준 의회에서 심의 중이다.

2025년 5월 기준, 미국 35개 주에서 비트코인을 주 차원에서 보유할 수 있도록 하는 법안이 발의되었다. 법안의 세부 내용은 주마다 다르지만, 대부분은 주 재무부가 비트코인 기금을 조성해 이를 구매 및 보관하고, 세금이나 행정 요금, 기부금 등을 비트코인으로 수납할 수 있도록 허용하는 조항을 포함하고 있다.

현재까지 아리조나와 뉴햄프셔 2개 주에서는 해당 법안이 통과되었고, 5개 주에서는 법안이 기각되어 무효화되었다. 나머지 28개 주에서는 심의가 진행 중이다. 일부 주에서는 법안이 제출된 지 얼마 되지 않았고, 몇몇 주는 하원 또는 상원을 통과했으며, 일부는 상원과 하원을 모두 통과해 최종 결정을 앞두고 있다.

연방 및 주정부 차원에서 비트코인 채택이 앞으로 어느 정도, 어떤 속도로 이루어질지는 아직 불확실하다. 그러나 분명한 사실은, 미국 정치권에서 비트코인 채택 논의가 매우 활발히 이루어지고 있고, 일부 주에서는 비트코인의 채택이 공식적으로 승인되기 시작했다는 점이다. 여기에 더해, 대통령의 행정명령을 통해 비트코인이 전략 준비금으로 지정되었다는 사실은 미국 내 비트코인 채택이 원활하게 추진되고 있음을 보여준다.

이러한 미국의 움직임은 전 세계 정부의 대응에도 중대한 영향을 미칠 것으로 보인다. 미국과의 관계가 우호적이든 그렇지 않든, 비트코인의 희소성을 고려할 때 전략 자산으로서의 선점이 늦어질 경우 국가 간 경쟁에서 뒤처질 위험이 있다. 결국 미국의 적극적인 행보는 각국의 국익에 심대한 영향을 미칠 수 있으며, 전 세계 국가들이 비트코인을 국가 자산으로 채택하는 시점을 앞당기는 계기로 작용할 가능성이 높다.

이러한 미국 내 비트코인 채택 움직임은 전 세계 각국 정부의 대응에도 큰 영향을 미칠 것으로 예상된다. 미국과 관계가 우호적이든 그렇지 않든 비트코인의 희소성을 고려할 때 국가 차원에서 선점과 확보가 지연될 경우 그만큼 뒤처질 위험이 크기 때문이다. 이는 각국의 국익에 심대한 영향을 미칠 수 있으며, 결국 각국 정부가 비트코인을 국가 자산으로 채택하는 시점을 앞당기는 촉매가 될 것이다.

세계 각 정부의 비트코인 채택 현황

먼저 독재 체제의 권위주의적 국가이면서 동시에 미국과 유럽 연합 등의 서방 국가와 적대적이거나 경쟁 관계에 있는 러시아와 중국에 대해 생각해 보자.

두 국가는 국제적으로는 서방 경쟁 국가의 경제 제재 및 자산 몰수 등의 행위를 무력화할 수 있는 화폐이자 결제 시스템인 비트코인의 도입이 필요하다. 반대로 독재 체제를 효과적으로 유지하기 위해서, 자국 내에서는 임의로 관리하고 제어 및 제한 그리고 추적까지 할 수 있는 화폐가 필요하다. 즉 국내에서의 비트코인 유통에는 적대적이어야 한다. 두 국가가 국내외적으로 비트코인에 대해 모순적인 입장에 놓여 있음을 인식하면서, 비트코인 채택과 관련하여 어떤 움직임을 보이는지를 살펴보는 자세가 필요하다.

러시아는 2022년 2월 우크라이나에 대한 전면적인 침공을 시작하였다. 이 침공을 시작으로 러시아는 국제 금융 결제망인 스위프트 SWIFT에서 퇴출되었고, 미국, 유럽연합, 영국 등은 러시아 중앙은행의 외환보유고를 동결시켰다. 뿐만 아니라 러시아의 주요 은행 및 러시아 재벌, 푸틴 대통령과 그의 측근들의 해외 자산이 동결되었다. 국제적으로 문화, 스포츠. 소셜미디어, 무역, 경제, 에너지 등에 대해 광범위한 제재가 이행되었다.

이에 대응하고자 러시아는 2024년 8월 비트코인을 포함한 디지털 금융 자산에 대한 채굴을 합법화하였다. 이때 통과된 법안에서는 연방 세무청에 필요한 정보(예: 자산의 규모나 디지털 자산의 주소[*])를 등록한 개인[**]과 법인이 디지털 금융 자산에 대한 채굴을 할 수 있도록 하였다.

이 법안에서는 디지털 금융 자산이라는 포괄적인 표현을 사용하였지만, 채굴을 하는 가장 큰 디지털 금융 자산인 비트코인을 법안의 주요 대상으로 하였음은 쉽게 예상해 볼 수 있는 사실이다. 이 법안에서 등록된 개인과 법인만이 채굴을 할 수 있도록 한 결정은, 권위주의적 국가인 러시아의 통제적 면모를 보여준다.

러시아에서 채굴을 합법화한 동기는 단순하다. 수력, 원자력, 천연가스나 석유 등의 풍부한 에너지 원천이 존재하지만, 서방의 경제와 무역 제재를 받으면서 달러 결제와 에너지 수출에 큰 제약이 생겼기 때문이다. 외부의 제재로 인한 잉여 에너지 원천은 채굴을 통해 비트코인으로 전환할 수 있다. 그리고 어떠한 경쟁국가도 검열, 동결, 몰수를 할 수 없는 비트코인을 기반으로 국제 결제를 하고, 이를 자산으

---

[*] 비트코인 주소를 생각하면 된다.
[**] 개인 채굴자는 월 6,000kWh 이하로 전력을 사용하면 등록 없이 채굴할 수 있다. 다만 이 정도의 전력 소모로 얻을 수 있는 BTC의 양은 거의 의미가 없는 수준이다.

로 보유해야 할 이유가 생긴 것이다.

이러한 동기가 사실임은 2024년 10월 러시아에서 통과시킨, 국제 거래에서 디지털 금융 자산을 사용할 수 있도록 허가한 법안을 통해 다시 한번 확인할 수 있다. 이 법을 통해 러시아가 채굴한 비트코인을 해외에 유통하고 결제하는 것이 처음으로 허가되었다. 법안이 통과된 이후 러시아의 안톤 실루아노프 재무장관은 러시아에서 채굴된 비트코인이 국제 지불에 사용되고 있다고 밝히기도 하였다.[47]

만약 아직까지도 비트코인이 화폐나 돈이 될 수 없다고 생각하거나 그 가능성에 대해 반신반의한다면, 강대국 중 하나인 러시아에서 무역을 할 때 결제 대금으로 사용하는 비트코인을 돈이 아닌 무엇으로 정의하는 것이 합당한지 생각해 보면 좋을 것이다. 이와 더불어 앞서 비트코인 결제 계층의 최상단을 차지하는 비트코인 네트워크는, 국가 간 무역이나 주요 기관들의 결제를 처리하는 계층이라 설명했음을 다시 한번 상기해 보기를 바란다. 참고로 러시아가 비트코인을 국제 결제에 사용한다는 것은, 비트코인을 국제 결제에 사용하는 하나 이상의 무역 상대국이 존재함을 암시한다.

중국의 사정은 직접 전면전을 펼치고 있는 러시아와는 약간 차이가 존재한다. 아직 서방으로부터 러시아가 받는 수준의 노골적 제재를 받고 있지는 않다. 다만 러시아의 경우를 참고하면서, 상황이 악화되면 언제든지 중국의 국외 자산 동결 및 몰수 그리고 국제 결제 시스템에서 퇴출될 수 있음을 인식하고 있을 것이다.

중국은 세계에서 가장 비트코인 거래가 활발한 국가이자 비트코인 채굴 산업의 가장 큰 중심지였다. 그러나 중국 정부는 2021년부터 암호화폐 거래와 채굴을 전면 금지하였다. 중국 당국은 금융 안정성을 유지하고 불필요한 에너지 소비를 막는 것으로 그 이유를 설명했다. 이 사건은 국민들에 대한 통제를 매우 중시하는 중국 정부의 면모를 관찰할 수 있게 해주었지만, 아마도 미래에는 정부의 대표적인 실패 사례 중 하나가 될 것이라 생각한다. 세계에서 비트코인에 대해 가장 앞서가던 중국이 이로 인해 비트코인 채택에 지지부진해졌기 때문이다. 이때부터 중국의 비트코인 채굴 산업이 약화되고 음성화되었으며, 마찬가지로 중국 내의 비트코인 거래도 음성화되었다.

이후 중국 내의 비트코인 채택현황은 2025년인 아직까지도 지지부진하다. 다만 중국 정부가 보유한 BTC 양은 약 190,000여 개로, 전 세계 국가 중 미국 다음으로 많은 양을 보유하고 있을 것으로 추정된다.* 거래와 채굴이 금지된 2022년 6월부터 2023년 7월까지 많은 중국인들이 정부의 감시를 피해 개인 대 개인 거래 혹은 장외거래 Over The Counter, OTC 시장에서 암호화폐 거래량 864억 달러를 기록하였다.[48] 추가적으로 2022년에 케임브릿지 대학의 대체 금융센터에서 발표한 보고서에 따르면, 전 세계 비트코인 채굴 해시율의 21%를 중국에서 점유하고 있음을 확인할 수 있었다.[49] 이는 중국 정부의 강력한 채굴 금지 조치에도 불구하고 비공식적으로 이루어지는 채굴 활동이 여전히 상당한 비중을 차지하고 있음을 보여준다.

> **장외거래(Over The Counter, OTC)**
> 거래소를 거치지 않고 투자자산을 직접 거래하는 시장을 뜻한다. 채굴자는 대표적인 비트코인 OTC 시장의 공급자이다.

이처럼 중국에서의 비트코인이 음성화된 현실을 통해, 특정 국가에서 금지하면 비트코인이 없어진다는 주장이 얼마나 비현실적인 것인지 쉽게 이해할 수 있을 것이다. 중국이 비트코인을 전면 금지시켰던 2021년 당시, 중국이 비트코인 거래량과 채굴 산업을 가장 선도하던 국가였음에도,♦♦ 비트코인 시세의 일시적 하락을 만들었을 뿐 비트코인 네트워크 자체의 신뢰를 잃게 만들지는 못하였기 때문이다.

특히 강조하고 싶은 부분은 권위주의 독재국가 중 가장 통제가 심

♦ 중국 정부에서 정확히 밝히지 않아 공식적인 자료는 존재하지 않는다. 범죄에 사용된 것을 몰수하고 보유하고 있을 것으로 추정되는 양이다. https://bitcointreasuries.net/entities/china

♦♦ 중국인들의 BTC 보유량도 세계에서 최상위에 속할 것으로 예상되지만, 비트코인의 특성상 이를 정확하게 파악할 방법은 없다.

한 편에 속하는 중국 내에서도 비트코인 거래와 채굴을 음성화시켰을 뿐, 비트코인을 전면적으로 차단하지는 못하였다는 점이다. 중국의 사례를 통해 어떤 주체도 비트코인을 완전히 제약하거나 금지시키는 것이 사실상 불가능하다는 것을 느낄 수 있을 것이다.

뿐만 아니라 만약 비트코인을 소유한 중국인들이 비트코인에 친화적인 국가로 이주하게 되면, 그때부터 그들이 소유한 비트코인을 자유롭게 사용하는 데에 아무런 제약이 없다. 이는 각 개인들과 개인들을 통제하려는 의도를 가진 정치인들과 관료들 모두에게 큰 시사점을 준다. 완벽하게 통제하는 것이 불가능한 비트코인을 국가에서 금지하거나 통제하려 들면, 결국 그 시도는 실패로 돌아가고 비트코인 소유자는 국외로 빠져나가 국익을 저해하게 될 것이다.

이와 같은 배경의 영향 탓인지 중국의 특별행정구인 홍콩에서는 비트코인 채택을 위한 유의미한 움직임이 존재한다. 홍콩 증권선물위원회는 2023년 6월 가상자산 거래 플랫폼 라이선스 제도를 도입하여, 암호화폐 거래소의 운영을 규제하에 허락하고 있다. 또한 2024년 4월부터 3개의 비트코인 ETF의 거래가 승인되었다. 홍콩의 일부 정치인들은 비트코인을 국가 전략자산으로 보유해야 한다는 주장 또한 하고 있다.[50]

이제 국가차원에서 비트코인을 적극적으로 받아들이는 나라들을 살펴보겠다.

가장 주목할 만한 국가는 남미의 엘살바도르이다. 엘살바도르는 2021년 9월 비트코인을 법정화폐로 공식 채택한 세계 최초의 국가이다. 비트코인은 기존 법정화폐였던 미국 달러와 함께 사용되며, 물건 구매, 세금 납부, 공공 서비스 요금 지불에서 사용될 수 있다. 국민 모두가 비트코인을 쉽게 보유하고 사용할 수 있도록 하기 위하여, 비트코인 월렛 치보Chivo를 개발하여 배포하였다. 엘살바도르에서는 국가 전역에 비트코인 ATM이 설치되었고, 비트코인 채굴을 위해 화산 지열 에너지를 활용하고 있다. 국민들의 비트코인 채택 속도는 더디지만 분명한 발전을 보이고 있는 것으로 보인다. 바이낸스에 따르면 2024년에 인구의 8%가 비트코인 결제를 사용하는 것으로 나타났다.[51]

스위스 연방총리실은 스위스 국립은행이 비트코인을 준비금으로 보유할 수 있도록 하는 헌법 개정안을 제안했다.[52] 스위스의 추크Zug 주는 2016년에 세계 최초로 비트코인을 공식지불 수단으로 인정하였고, 2021년부터 세금 납부에 비트코인을 허용하였다. 루가노Lugano 시는 대표적인 비트코인 도시로, 2022년 비트코인을 도시 내 공식 결제 수단으로 채택하였다. 이후 2023년부터 루가노 내 공공 서비스 요금, 세금을 비트코인으로 결제할 수 있도록 하였고, 소매점에서의 비트코인 결제도 활성화되어 있다. 2025년 1월 기준으로 약 300개의 비트코인 결제 소매점이 존재함을 확인할 수 있었다.[53] 또한 스위스 연방철도는 매표기에서 비트코인을 구매할 수 있는 서비스를 제공하고 있고, 비트코인과 스위스 프랑을 교환할 수 있도록 해주는 비트코인 ATM기도 135개나 존재한다.[54] 이와 같이 스위스에서도 점진적이지만 적극적으로 비트코인 채택이 이루어지고 있다. 전통적으로 금융 강국인 스위스가 적극적으로 비트코인을 채택하고 있음을 주목할 필요가 있다.

부탄은 풍부한 수력 발전 자원을 보유한 국가로, 전체 전력의 약 99%를 수력 발전에서 공급받는다. 전력 수요는 시간과 계절에 따라 변동하는 반면, 수력 발전은 일정한 전력을 생산하기 때문에 잉여 전기가 발생하는 경우가 많다. 부탄은 이러한 잉여 전력을 활용해 비트코인을 채굴해 온 것으로 알려져 있다. 부탄의 국부펀드인 드루크 홀딩 앤 인베스트먼트 DHI는 비트코인을 채굴하여 얻은 수익을 국가 경제 발전에 재투자할 계획이라고 밝혔다. 2025년 1월 기준, 부탄은 약 11,000개의 비트코인을 보유하고 있는 것으로 알려져 있으며, 이는 국가 차원에서의 채굴 활동으로 확보된 것이다.[55]

우크라이나에서는 비트코인이 전쟁과 경제 위기의 한가운데서 빛을 발했다. 2022년 러시아와의 전쟁 중, 우크라이나 정부는 비트코인 기부를 통해 빠르게 자금을 모을 수 있었다. 또한 암호화폐를 합법적으로 규제하는 법적 인프라를 구축하며, 전쟁 상황에서도 금융 시스템을 안정적으로 유지하기 위한 도구로 비트코인을 활용하고 있다. 이러한 사례는 비트코인의 탈중앙화와 글로벌 거래 가능성이 얼마나 강력한지를 잘 보여준다.

호주는 비트코인 채택과 관련해 가장 선진적인 정책을 시행 중인 나라 중 하나다. 정부는 암호화폐를 자산으로 인정하고, 비트코인 거래에 대한 세금 정책을 명확히 하면서 합법적인 투자 환경을 조성했다. 동시에 핀테크 기업들과 금융기관들은 비트코인을 실생활 결제와 금융 서비스에 통합하며 혁신을 주도하고 있다.

캐나다는 제도권 금융 시장에서 비트코인을 선도적으로 받아들인 국가다. 2021년, 캐나다는 세계 최초로 비트코인 ETF를 승인하여 기관 투자자들이 비트코인에 손쉽게 투자할 수 있는 길을 열었다. 또한 캐나다는 풍부한 재생 가능 에너지를 활용한 친환경적인 비트코인 채굴로도 주목받고 있다. 주요 기업과 금융기관들은 비트코인을 결제 수단으로 통합하며 실질적인 채택을 확대하고 있다.

이들 나라들은 각기 다른 배경과 필요 속에서 비트코인을 선택했다. 비트코인은 금융 접근성이 부족한 나라에서는 은행 시스템을 대체하고, 경제적 불안정 속에서는 자산 보호 수단이 되며, 선진국에서는 혁신과 투자의 중심에 자리 잡았다. 또 잉여 전력이 있는 나라에서는 비트코인 채굴을 할 동기를 부여하고, 비트코인 채굴 국가에게는 비트코인 획득으로 인한 경제적 보상이 이루어지며, 비트코인 네트워크에는 보안이 강화되는 선순환을 만들어낸다. 이렇게 각국의 상황에 맞게 채택되고 있는 비트코인은 단순히 기술이 아니라, 세계 경제와 금융의 새로운 가능성을 보여주는 도구임이 분명하다.

세계 각국의 비트코인 채택은 이 국가들과 아직 참여하지 않고 있는 다양한 국가들을 자극하게 될 것이다. 앞으로 각 국가에서 비트코인을 채택하는 다양한 뉴스를 통해, 독자들은 이 주장의 사실 여부를 직접 검증할 수 있게 될 것이다.

다음 섹션에서는 국가에 의해 강한 억압을 받는 국민들이 비트코인을 어떻게 채택해 나가고 있는지, 그리고 이러한 움직임이 그들에게 어떤 희망을 주고 있는지를 설명하겠다.

비트코인, 절망의 땅에서 자유와 희망을 싹 틔우다

알렉스 글래드스타인의 저서 "비트코인, 초제국의 종말"[56]에서는 비트코인이 권위주의 국가, 전쟁 지역, 그리고 경제적 식민지 상태에 놓인 국가에서 살아가는 사람들에게 어떻게 자유와 희망이 되고 있는지를 설명한다. 그는 전 세계의 다양한 사례를 통해 비트코인이 단순한 기술이 아니라, 억압받는 사람들이 경제적 독립을 쟁취하는 수단이 되고 있음을 보여준다. 여기에서는 그의 책에서 소개된 몇 가지 사례를 정리한다.

나이지리아는 부패와 불평등이 극심한 국가 중 하나다. 매분 여섯 명이 극빈층으로 전락하고 있으며, 청년 실업률은 극도로 높은 수준을 유지하고 있다. 공식적인 인플레이션율이 15%에 달하며 국민들은 날로 상승하는 물가로 인해 생계를 유지하기조차 어려운 상황이다.

수단에서는 군사 쿠데타와 독재 정권이 반복되며 국민들의 경제적·정치적 자유가 지속적으로 박탈당해왔다. 1989년 이슬람 기반의 권위주의 정권이 들어선 이후, 정부는 국민의 자산을 몰수하고, 은행 계좌를 동결하며, 수입의 일정 부분을 강제 징수하는 정책을 시행했다. 심지어 한 젊은이는 수천 달러를 소유했다는 이유만으로 교수형에 처해졌다. 지속적인 화폐 가치 하락으로 인해 국민들은 부를 강탈당하며 생존 자체가 위협받고 있다.

에티오피아에서는 화폐 시스템이 극도로 낙후되어 있어, 여전히 소금이 가치 저장 및 교환 수단으로 사용될 정도다. 정부는 외화 환전을 제한하고 있으며, 공식적인 물가상승률이 20%에 달하는 가운데 달러 소지 및 사용을 불법으로 규정하고 있다. 국민들은 정부가 강제로 발행한 국채를 매입해야 하며, 이자율이 물가상승률보다 낮아 사실상 정부에 의해 착취당하고 있다.

팔레스타인의 가자지구는 이스라엘과 하마스 간의 분쟁으로 인해 물리적·사회적·금융 인프라가 완전히 붕괴된 상태다. 해외에 거주하는 가족이나 지인으로부터 송금을 받더라도 높은 수수료로 인해 실질적으로 받을 수 있는 금액이 크게 줄어든다. 경제 활동 자체가 심각하게 제한되고 있으며, 금융 시스템이 사실상 작동하지 않는 수준에 이르렀다.

쿠바에서는 오랫동안 두 종류의 화폐가 발행되었으며, 각 화폐마다 구입할 수 있는 품목이 다르게 설정되어 있었다. 정부는 특정 화폐를 다른 화폐로 환전할 때 높은 수수료를 부과하며 국민을 경제적으로 착취했다. 이후 화폐 개혁을 단행하며 기존 화폐의 가치를 급격히 떨어뜨렸고, 새로운 화폐에도 사용 제한을 가해 국민들의 경제적 자유를 더욱 억압했다.

이러한 환경에서 비트코인은 단순한 디지털 화폐가 아니라, 개인이 억압적인 경제 시스템에서 벗어날 수 있도록 돕는 도구가 되고 있다. 기존 금융 시스템에서는 정부가 계좌를 동결하고, 외화 소지를 금지하며, 송금을 제한할 수 있지만, 비트코인은 중앙 기관의 허가 없이 국경을 넘나들 수 있다. 기존에는 외화를 소지하고 국경을 넘을 경우

세관에서 검색을 당하거나 돈을 몰수당하는 일이 흔했지만, 비트코인은 물리적인 형태가 없어 단순히 니모닉만 보관하면 어디서든 자신의 자산을 복구할 수 있다. 이를 통해 사람들은 재산을 온전히 보호할 수 있으며, 독재 정권이나 부패한 정부가 개인의 부를 강제로 빼앗는 것을 원천적으로 차단할 수 있다.

팔레스타인이나 쿠바처럼 해외 송금이 사실상 불가능한 지역에서도 비트코인은 금융 인프라를 우회하는 대안이 된다. 기존 시스템에서는 해외에서 돈을 보내더라도 중개 기관이 높은 수수료를 부과하고, 정부가 송금을 차단할 수도 있지만, 비트코인은 이러한 제약 없이 누구나 직접 송금을 주고받을 수 있다. 정부의 허가가 필요 없으며, 은행이 개입할 수 없고, 중개 수수료를 강제로 떼이지 않는다는 점에서 경제적으로 소외된 지역일수록 더욱 강력한 효용을 발휘한다.

이들 국가에서는 지속적으로 높은 인플레이션과 경제적 불안정이 반복되고 있으며, 이러한 상황에서 비트코인은 가치 저장 수단으로서 더욱 중요한 역할을 한다. 정부가 무제한으로 화폐를 찍어내거나 통화 가치를 절하하면서 국민의 부를 사실상 착취하는 구조가 고착화된 환경에서, 비트코인은 인플레이션으로부터 자유롭다. 정부가 자국 화폐 가치를 인위적으로 떨어뜨리더라도 비트코인을 통해 자산을 보존할 수 있으며, 기존의 법정화폐보다 신뢰할 수 있는 가치 저장 수단으로 작동한다.

비트코인은 경제적으로 소외된 지역에도 새로운 기회를 제공한다. 기존 화폐 시스템이 제대로 작동하지 않는 지역에서는 국제 거래 자체가 불가능한 경우가 많았지만, 비트코인을 통해 국경을 초월한 경제 활동이 가능해지고 있다. 단순한 결제 수단을 넘어 사람들이 새로운 방식으로 일을 하고 소득을 창출할 수 있는 기회가 열린다.

정부가 국민의 자산을 압류하고, 인플레이션을 통해 부를 착취하며, 금융 시스템을 이용해 경제적 자유를 억압하는 환경에서, 비트코인은 검열 저항성과 무기명성 덕분에 실질적인 탈출구를 제공한다. 이는 단순히 이론적으로만 가능한 것이 아니라, 이미 현실에서 수많은 사람들이 비트코인을 통해 자유를 쟁취하고 있음을 보여준다. 이러한 흐름은 시간이 지날수록 더욱 확대될 것이다. 비트코인은 국가의 허가가 필요 없는 돈, 그리고 어떤 억압적인 환경에서도 개인의 재산권을 지킬 수 있는 도구로서 지금 이 순간에도 절망의 땅에서 자유와 희망을 피워내고 있다.

페트로 달러 체제, 다극화, 탈달러화 그리고 비트코인

페트로 달러 체제는 1971년 닉슨 쇼크 이후 금본위제가 붕괴하면서, 미국이 기축통화로서의 달러 가치를 유지하기 위해 도입한 전략적 금융 시스템이다. 금과의 연계가 끊긴 달러는 신뢰를 유지하기 위해 새로운 수요 기반이 필요했으며, 이에 따라 미국은 석유 시장을 달러와 결합하는 방안을 마련했다. 이 구상은 당시 국무장관이었던 헨리 키신저가 주도했으며, 그는 달러의 기축통화 지위를 유지하기 위해 석유를 활용한 금융 시스템을 설계했다.

1974년, 미국과 사우디아라비아는 비밀 협정을 체결했다. 이 협정에 따라 사우디아라비아는 원유를 오직 달러로만 거래하고, 미국은 사우디의 안보를 보장하며 군사적 보호를 제공하기로 했다. 이후 미국은 OPEC(석유수출국기구) 회원국들과도 유사한 협정을 맺으며, 전 세계 원유 거래가 달러로만 이루어지도록 하는 데 성공했다. 이를 통해 원유를 수입하는 모든 국가는 필연적으로 달러를 보유해야 했고, 이는 글로벌 금융 시스템에서 달러의 지속적인 수요를 유지하는 핵심 요인이 되었다. OPEC 회원국들 역시 원유 판매로 벌어들인 달러를 미국 국채와 금융시장에 재투자하면서 미국 경제에 막대한 유동성을 공급했다.

이 시스템이 확립됨으로써 미국은 지속적인 재정 적자를 기록하면서도 경제 성장을 이어갈 수 있는 기반을 갖추게 되었다. 미국은 막대한 무역 적자와 재정 적자를 기록했지만, 달러 패권을 바탕으로 세계 경제를 지배할 수 있었다. 각국이 원유를 구매하기 위해 달러를 보유해야 했기 때문에 미국 국채와 달러 기반 금융 상품에 대한 글로벌 수요가 지속적으로 유지되었으며, 이는 미국 경제의 안정성을 뒷받침하는 중요한 요소가 되었다.

그러나 미국이 경제적·군사적으로 절대적 우위를 점했던 단극화의 시대에서, 점진적으로 다극화로 전환되고 있다. 단극화는 한 국가가 국제적인 영향력을 독점하는 상태를 의미하며, 다극화는 두 개 이상의 강대국이 존재하여 세계 질서를 유지하는 구조를 뜻한다. 이러한 변화는 과거부터 학계에서 예견되어 왔으며, 최근 들어 더욱 현실적인 흐름으로 나타나고 있다.

이매뉴얼 월러스틴은 그의 저서 "월러스틴의 세계체제분석"[57]에서 미국 중심의 단극 체제가 지속될 수 없으며, 다극적 세계 질서로의 이동이 불가피하다고 주장했다. 피터 자이한은 "붕괴하는 세계와 인구학"[58]에서 세계화의 붕괴와 함께 미국의 패권이 약화되며, 다극 체제가 형성될 가능성이 더욱 높아졌다고 분석했다. 그는 이를 미국 중심의 경제 질서가 변화하는 과정에서 필연적으로 발생하는 흐름으로 설명했다.

다극화가 진행됨에 따라, 미국 중심의 페트로 달러 체제 역시 균열을 맞이하고 있다. 특히, 미국의 정책 기조의 변경과 신흥 경제 대국들의 부상이 이러한 변화를 더욱 가속화하는 핵심 요인으로 작용하고 있다.

2025년, 도널드 트럼프가 재집권하면서 미국 우선주의 정책이 다시 강화되고 있으며, 이에 따라 국제사회에서 미국 중심의 글로벌 금융 시스템에 대한 회의감이 더욱 커지고 있다. 트럼프 행정부는 자국 경제 보호를 최우선으로 두며 무역 장벽을 강화하고, 동맹국들에 대한 방위비 부담을 요구하는 등의 정책을 펼치고 있다. 이러한 정책은 미국 주도의 금융 질서에 대한 국제적 신뢰를 약화시키고 있으며, 이에 따라 탈달러화 흐름이 더욱 가속화될 것으로 보인다.

이와 더불어 브릭스BRICS를 중심으로 한 신흥 경제 대국들의 영향력이 확대되면서, 달러 중심의 국제 무역 질서에서 벗어나려는 움직임이 더욱 가속화되고 있다. 브릭스는 브라질Brazil, 러시아Russia, 인도India, 중국China, 남아프리카 공화국South Africa으로 구성된 협력체로, 각국의 앞 글자를 따서 지어진 명칭이다. 이후 이집트, 이란, 아랍에미리트UAE, 에티오피아, 인도네시아가 새롭게 가입을 승인받으며 확장되었다. 이들 국가는 원유 및 원자재 생산국을 포함하고 있어 국제 정치 및 경제에서의 비중이 점차 커지고 있다.

　브릭스 국가들은 점진적으로 달러 의존도를 낮추고 자국 통화나 대체 결제 시스템을 도입하는 방향으로 나아가고 있다. 이미 위안화, 루블 등을 활용한 원유 거래가 시도되고 있으며, 금이나 디지털 화폐를 기반으로 한 새로운 국제 결제 시스템 구축 논의도 본격화되고 있다. 특히, 중국과 사우디아라비아는 위안화 기반 원유 거래를 협의 중이며, 러시아는 서방 금융 제재를 우회하기 위해 자국 통화를 활용한 결제를 강화하고 있다. 2023년 브릭스 정상회의에서는 공통 결제 시스템 도입이 논의되었으며, 이는 장기적으로 페트로 달러 체제의 약화를 더욱 가속화할 가능성이 크다.

　이러한 변화는 국제 금융 질서에서 달러의 독점적 지위를 약화시키는 동시에, 새로운 다극적 경제 체제가 형성되고 있음을 보여준다.

　이러한 시대적 배경은 비트코인이 전 세계적 화폐로 채택되기에 매우 적합한 환경을 조성하고 있다. 다극화가 진행되면서 특정 국가가 단독으로 글로벌 경제를 지배하기 어려워지고 있으며, 이는 국가 간 결제 시스템에서 비트코인의 활용 가능성을 더욱 높인다. 기존 금융 시스템에서 벗어나려는 국가들이 증가함에 따라 탈중앙화된 결제 수단으로서 비트코인의 필요성이 더욱 커지고 있으며, 이는 국가 차원에서의 비트코인 결제 채택 가능성을 증가시키는 요인으로 작용할 것이다.

 또한, 단일 국가가 글로벌 경제를 완전히 지배하지 못하는 환경에서는 특정 정부가 비트코인 채굴을 억제하거나 노드 운영을 금지하는 등 전방위적인 규제를 시행하는 것이 더욱 어려워진다. 다극화된 세계에서는 통일된 규제를 적용하기 어렵고, 한 국가의 비트코인 규제가 오히려 다른 국가에 경제적 이득으로 작용할 가능성이 크다. 즉, 어떤 국가가 비트코인을 제약하더라도 이를 수용하는 다른 국가가 존재하게 되며, 이로 인해 비트코인 규제는 해당 국가에 불리한 선택이 될 수 있다.

 특히, 자신의 규제가 경쟁국의 이득으로 작용할 경우, 비트코인을 억제하는 것이 오히려 국력을 약화시키는 결과를 초래할 수 있다. 이러한 역학 관계를 고려할 때, 국가들은 섣불리 비트코인을 강하게 규제하기 어려운 상황에 놓이게 된다.

 따라서, 다극화가 심화될수록 비트코인은 더욱 신뢰받는 화폐로 자리 잡을 것이며, 국제적으로 널리 사용되는 금융 시스템으로 발전할 가능성이 높아진다.

비트코인 관련 통계

이번 섹션에서는 비트코인 네트워크가 얼마나 강건해지고 있는가를 구체적인 숫자를 통해 알아볼 것이다. 먼저 비트코인의 탈중앙화 정도를 나타내는 노드의 개수, 나라별 노드의 분포, 채굴 해시율, 채굴 난이도를 살펴볼 것이다. 이후 비트코인의 화폐로서 사용 저변의 확장을 보여주는 비트코인 결제 지점 수의 변화 및 전 세계적 분포를 살펴볼 것이다.

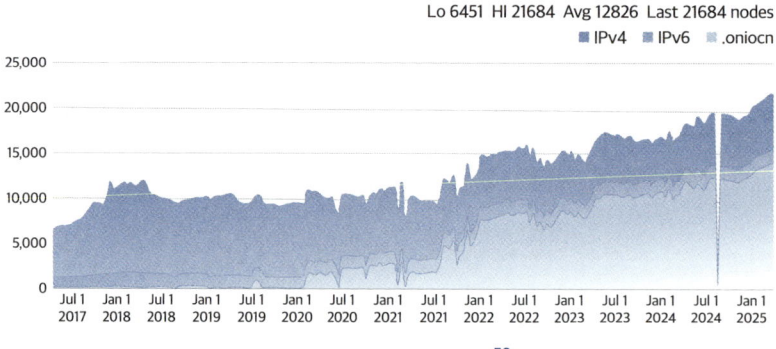

그림1 | 동작 중인 비트코인 노드 숫자의 변화(2017년 1월 ~ 2025년 3월)[59]

먼저 비트코인 네트워크의 탈중앙화와 프로토콜의 불변성 정도를 알 수 있게 해주는 노드의 개수를 살펴보겠다. 아래 그림은 2017년 1월부터 2025년 3월까지 노드의 수를 나타낸 것이다. IPv4, IPv6는 노드가 사용하는 주소 체계를 말하며 자신의 노드의 인터넷 주소를 명시적으로 공개하는 노드를 뜻한다. 반면 .onion으로 표현된 노드는 익명화 기술을 사용하여 노드의 IP 주소를 특정하기 어려운 것을 의미한다. 그림에서 살펴볼 수 있듯이 전체 노드의 개수는 꾸준히 증가하고 있음을 알 수 있는데, 그중에서도 하단에 표시된 익명화된 노드의 개수가 크게 증가하고 있음을 확인할 수 있다.◆

2025년 3월 기준 동작 중인 노드의 수가 2만 개를 넘어가며, 수많은 노드가 익명화되어 있다는 두 가지 사실을 통해, 비트코인 네트워크가 누구도 침해할 수 없는 수준의 탈중앙화를 이루고 있음을 명확히 확인할 수 있다.

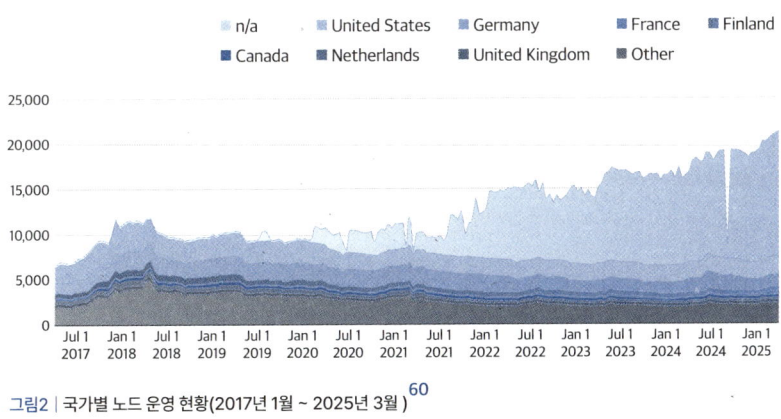

그림2 | 국가별 노드 운영 현황(2017년 1월 ~ 2025년 3월)[60]

◆ 2025년 1월경에 노드의 숫자가 갑자기 떨어진 것은, 익명화된 노드의 데이터 누락으로 인한 결과로 예상된다.

다음은 노드를 동작시키는 국가에 대한 통계이다. 그림에서 알 수 있듯이 모든 국가의 공개된 노드 수가 유지되거나 서서히 줄어듦을 알 수 있다. 반대로 상단에 진한 남색으로 표현된 국가를 알 수 없는 노드의 개수n/a, not available는 큰 폭으로 상승 중이다. 이 통계를 통해서도 어떤 국가 혹은 몇 개의 국가가 단합하여 노드를 통제하려 시도하더라도, 이를 제약할 수 없다는 점을 알 수 있을 것이다.

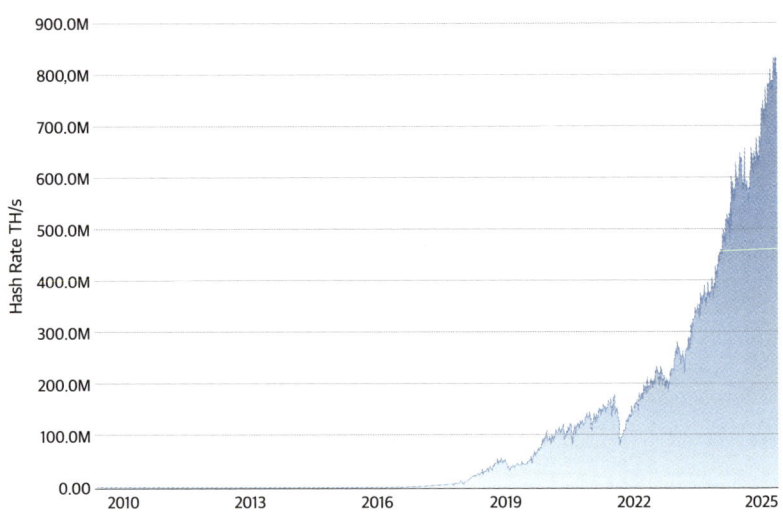

그림3 | 비트코인 채굴 해시율의 변화(2009년 1월 ~ 2025년 3월)[61]

다음은 채굴 관련 통계를 살펴보겠다. 채굴을 시작한 이후로 채굴을 위한 연산인 초당 해시 횟수가 지수적으로 상승해오고 있음을 알 수 있다. 이를 통해 비트코인 네트워크의 보안 또한 해시 횟수에 비례하게 증가하고 있음을 알 수 있다.

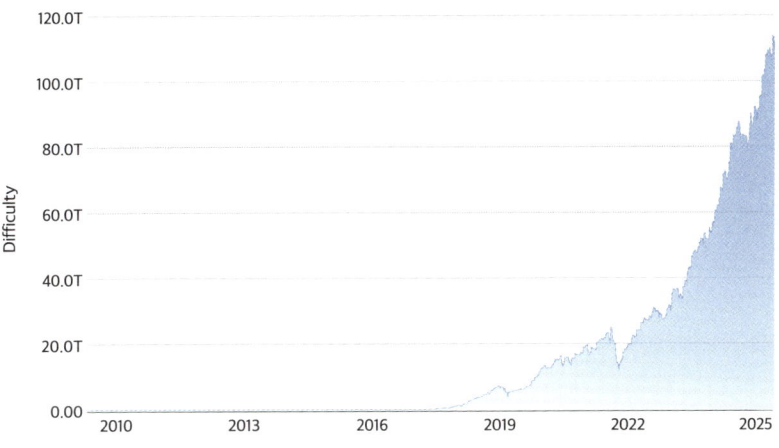

그림4 | 비트코인 채굴 난이도의 변화(2009년 1월 ~ 2025년 3월)[62]

비트코인은 난이도 조정을 통해 해시율이 증가하더라도 블록생성 시간을 10분으로 유지한다. 다음은 비트코인 난이도의 변화를 나타내는 차트이다. 위에서 살펴본 해시율의 모습과 거의 유사한 것을 알 수 있는데, 앞서 살펴본 채굴 해시율 차트에서 잡음Noise이 제거된 형태로 볼 수도 있을 것이다. 이는 비트코인의 채굴 난이도 조정이 약 2주마다(정확히는 2,016개 블록 채굴 시마다) 한 번씩 수행되기 때문에, 채굴 난이도가 해시율의 짧은 시간 동안의 등락에는 크게 반응하지 않는 것에서 기인한다. 이 차트를 통해 해시율의 변화에 따라 비트코인 채굴의 난이도가 적절히 조절되고 있음을 확인할 수 있다. 비트코인 채굴의 난이도 변화는 비트코인을 채굴하려는 채굴자가 많아져 수요가 높아지더라도, 공급 비탄력적인 비트코인의 특성이 제대로 유지됨을 보여주는 객관적 데이터이다.

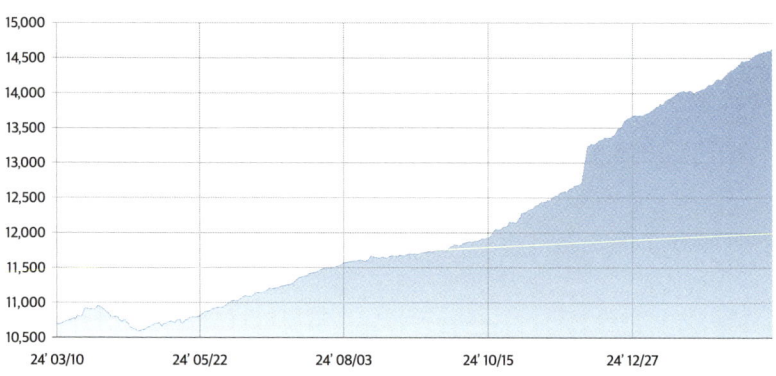

그림5 | 비트코인 결제 매장 수의 변화(2024년 3월 ~ 2025년 3월)[63]

다음으로 전 세계에서 비트코인으로 결제할 수 있는 매장 수의 변화를 나타내었다. 통계를 확인할 수 있는 2024년 3월부터 2025년 3월까지 다소간의 변동은 있었지만 꾸준히 그리고 빠른 속도로 결제 매장의 수가 늘어감을 확인할 수 있다.

그림6 | 전체 비트코인 결제 매장 수(2025년 3월)[64]

다음은 2025년 3월 기준으로 결제 매장 수의 분포를 세계 지도에 나타내 보았다. 미국과 중남미, 아프리카, 유럽, 아시아 등에서 폭넓게 비트코인 결제가 받아들여지고 있음을 확인할 수 있다.

마지막으로 아래 그림에는 2025년 5월 기준으로 국내 비트코인 결제 매장의 분포를 지도에 원으로 나타내었다.[65] 현재 국내에는 약 100개의 결제 매장이 있으며, 수도권을 비롯해 부산, 충청, 전라, 강원, 제주 등 전국 각지에 분포해 있다. 이들 매장에서는 라이트닝 네트워크를 활용한 비트코인 결제가 가능하며, 업종은 공인중개사무소, 헤어샵, 카페, 음식점, 한의원, 카센터, 체육관 등으로 다양하다. 결제 가능 매장의 수는 현재도 빠르게 증가하고 있다.

  이번 섹션에서는 비트코인이 탈중앙화된 방향으로 꾸준히 진화하고 있으며, 전 세계는 물론 국내에서도 점차 결제 수단으로 채택되고 있음을 확인할 수 있었다.

| Part 7. 비트코인의 현재와 미래 |

PART 8

우리는 무엇을 해야 하는가

Bitcoin

아는 것만으로는 충분하지 않다. 적용해야 한다.
의지가 있는 것만으로는 충분하지 않다. 행동해야 한다.

"Knowing is not enough; we must apply.
 Being willing is not enough; we must do."

- 레오나르도 다 빈치(Leonardo da Vinci)

비트코인을 이해하고 받아들이는 것은 단순히 기존 투자 방법에 하나를 추가하는 것이 아니다. 이는 기존 금융 시스템에서 독립하는 과정이며, 스스로를 새로운 화폐 패러다임에 맞춰 변화시키는 것을 의미한다.

　우리는 지금까지 국가가 화폐를 계속해서 찍어내는데도 이에 대한 문제의식을 크게 가지지 못한 채 살아왔다. 정부는 빚을 내 선심성 재정 정책을 펼쳐왔고, 중앙은행은 통화량을 증가시켜 인플레이션을 유발해왔다. 이러한 구조 속에서 많은 개인들은 자신이 소유한 화폐의 가치를 점차 잃어가고, 임금 상승률이 인플레이션을 따라잡지 못하여 실질적인 부가 줄어드는 경험을 해왔다. 저절로 경제적 궁핍함에 노출되는 환경에서 우리는 평생 노동에 시달리지만, 아이러니하게도 경제적으로 많은 제약을 받고 있는 실정이다. 결국, 개개인의 자유가 지속적으로 위협받을 수밖에 없는 상황에 놓여있는 것이다.

　이러한 현실을 극복하기 위해 많은 사람들이 주식, 부동산, 암호화폐 시장에 뛰어들지만, 금융 시스템의 본질을 이해하지 못한 채 단기적인 수익만을 쫓다가 손실을 보는 경우가 많다. 시장 변동성을 완벽하게 예측하는 것은 불가능하며, 상당한 노력과 시간을 투자하더라도 경제 위기, 정책 변화, 개인적인 사건들로 인해 예상치 못한 피해를 입는 경우가 흔하다.

하지만 비트코인은 이 게임의 규칙을 바꿔 놓았다. 기존 금융 시스템의 불확실성을 피하고, 개인이 경제적 주권을 확보할 수 있는 새로운 길을 제시한 것이다. 이는 단순한 투자 기회가 아니라, 현재의 불안정한 화폐 시스템에서 벗어나기 위한 실질적인 해결책이다.

비트코인을 축적하는 과정은 단기적인 매매 차익을 노리는 투기와는 전혀 다르다. 실질적으로 예측이 불가능한 저점 매수, 고점 매도와 같은 투기적인 관점에서 벗어나, 장기적인 관점에서 비트코인에 접근하는 것이 중요하다. 이는 현재 금융 시스템에 노출되는 리스크를 줄이고, 법정화폐의 지속적인 가치 하락에 대비하는 방법이기도 하다.

특히 피해야 하지만 가장 흔히 보이는 패턴은 "비트코인은 너무 비싸니까 알트코인을 통해 수익을 내고 이를 통해 비트코인 수량을 빠르게 증가시키겠다"는 생각이다. 이는 24시간 열려 있는 도박판에서 수익을 얻은 뒤 온전히 빠져나오겠다는 주장과 다르지 않다. 대부분의 사람은 수익을 내는 것도, 빠져나오는 것도 하지 못한다는 사실을 명심해야 한다.

비트코인은 시간이 지나면서 그 가치가 증가해왔다. 금융 시스템의 변화 속에서 우리는 단기적인 시장 변동성에 휘둘릴 필요 없이, 보다 근본적인 자유를 확보하는 방향으로 나아가야 한다. 그렇게 하면 투자에 지나치게 시간을 쏟는 대신, 더욱 가치 있는 일에 집중할 수 있다. 예를 들어 가족과 함께하는 시간, 자기계발, 취미 활동 등에 집중하며 보다 의미 있는 삶을 설계할 수 있다.

무엇보다, 비트코인이 여전히 초기 시장이라는 점을 주목해야 한다. 충분한 사람들이 이를 이해하고 받아들이기까지는 시간이 걸릴 것이며, 그 과정에서 비트코인의 가치는 크게 상승할 가능성이 높다. 이는 새로운 금융 시스템이 자리 잡는 과정에서 초기 참여자들에게 주어지는 보상과도 같다. 따라서 조급해 할 필요 없이, 장기적인 관점에서 비트코인을 대하는 것이 최선이다.

비트코인을 보유할 때 가장 중요한 것은 개인 하드웨어 월렛을 사용해 직접 보관하는 것이다. 거래소의 비트코인, 비트코인 ETF와 같은 금융 상품, 그리고 비트코인을 보유한 회사의 주식을 사는 것은 비트코인을 온전히 소유하는 것이 아니다. 2022년 FTX 거래소의 파산 사태처럼 중앙화된 기관에 예치된 비트코인은 누군가가 동결하거나 사라지게 만들 수도 있다.

비트코인의 가치는 희소성뿐만 아니라 사용자의 증가에서 온다. 더 많은 사람이 비트코인을 사용하고 저장할수록 네트워크 효과가 강해지고, 비트코인은 더욱 안전하고 강력한 금융 시스템이 된다. 이에 따라 기존 금융 시스템을 대체할 가능성도 커진다. 결국, 비트코인의 성공은 얼마나 많은 사람이 이를 이해하고 받아들이느냐에 달려 있다. 비트코인을 보유하고, 사용하고, 네트워크에 참여하며, 주변에 알리는 것이 우리가 할 수 있는 중요한 일이다.

우리는 지금, 전 세계 금융 시스템이 변화하는 과정을 목격하고 있다. 2025년, 수많은 국가와 기관, 기업이 비트코인을 구매하기 위해 법안을 만들고, 제도를 개선하며, 막대한 자금을 동원하고 있다. 매일 쏟아지는 뉴스만으로도 이 변화를 따라잡기가 벅찰 정도다. 또한 AI가 매우 빠른 속도로 발전하면서, AI 시대에서도 비트코인이 중요한 결제 시스템으로 자리 잡을 가능성이 높다. 중요한 것은 이 변화 속에서 우리가 어떤 선택을 하느냐. 비트코인을 통해 우리는 기존 금융 시스템의 불확실성에서 벗어나 독립적이고 자유로운 미래를 준비할 수 있다.

결국, 우리가 할 수 있는 일은 단순하다. 비트코인 채굴의 작업 증명 Proof of Work 처럼, 꾸준히 자신의 역할을 수행하며 성실하게 나아가는 것. 비트코인을 보유하고, 안전하게 보관하며, 불필요한 시장 예측에서 벗어나 삶의 중요한 것들에 집중하는 것. 그리고 비트코인의 가치를 주변에 알리고, 더 많은 사람이 참여하도록 돕는 것.

그리고 이 모든 과정에서 가장 중요한 것은, 장기적인 시각을 가지고 충분한 시간을 두고 기다리는 것이다. 이 간단한 원칙을 지키는 것만으로도 우리의 미래는 더욱 자유롭고 희망찬 방향으로 나아갈 수 있을 것이다.

출처 및 인용

1 조세프 후버, 유승경 역. (2023). 주권화폐: 준비금 은행제도를 넘어서. 진인진.

2 조계완. (2022.7.9). '영업이익 10조' 거대 자산운용사 한국은행. 한겨레.
https://www.hani.co.kr/arti/economy/economy_general/1050281.html

3 이남의. (2024.10.21). 대출규제에 멀어진 내 집 마련… '200조' 전세대출, 집주인 신용 본다. 머니S. https://www.moneys.co.kr/article/2024102108514082649

4 Open Fiscal Data. https://www.openfiscaldata.go.kr/op/en/sm/UOPENSMA08?acntYrFr=2015&acntYrTo=2025&langCd=en

5 한국은행. 금융 경제 스냅샷. https://snapshot.bok.or.kr/dashboard/A5

6 Kocherlakota, N. R. (1998). Money Is Memory. Journal of Economic Theory, 81(2), 232-251.

7 한국은행. 금융 경제 스냅샷. https://snapshot.bok.or.kr/dashboard/A5

8 TradingView. United States Money Supply M2.
https://kr.tradingview.com/symbols/ECONOMICS-USM2/

9 KB부동산. 월간 아파트 매매가격지수.
https://data.kbland.kr/kbstats/wmh?tIdx=HT01&tsIdx=monthAptSalePriceInx

10 Yahoo Finance. https://finance.yahoo.com/quote/%5ESP500TR/

11 인베스팅닷컴. https://www.investing.com/indices/us-spx-500-historical-data

12 지표누리. https://www.index.go.kr/unify/idx-info.do?idxCd=4226

13 Federal Reserve Bank of Minneapolis. Inflation Calculator.
https://www.minneapolisfed.org/about-us/monetary-policy/inflation-calculator/consumer-price-index-1913-

14 사이페딘 아모스, 임경은 역. (2024). 더 피아트 스탠더드. 다산북스.

15 ExpressVPN. What is a Bitcoin Node?
https://www.expressvpn.com/blog/what-is-a-bitcoin-node/

16 Bitnodes. https://bitnodes.io/

17 박범수. (2023.11.7). 비트코인 블록 생성 '1시간' 중단, 왜? 디지털 애셋.
https://www.digitalasset.works/news/articleView.html?idxno=4956

18 Blockchain.com. Hash Rate Chart.
    https://www.blockchain.com/explorer/charts/hash-rate

19 Bitbo. How Many Bitcoin? https://bitbo.io/how-many-bitcoin/

20 Ramirez-Escudero, D. (2024.1.24).
    Bitcoin mining boosts the transition to renewable energy. 코인텔레그래프
    https://cointelegraph.com/news/bitcoin-mining-renewable-energy-transition

21 GitHub. Bitcoin Project. https://github.com/bitcoin/bitcoin

22 사토시 나카모도, 필레몬·바우키스 역. (2025).
    비트코인 백서: 개인 대 개인 전자 화폐 시스템. 필레우시스.

23 윤희일. (2023.4.6). '서민음식' 짜장면, 1970년엔 100원이었는데…올해 평균 가격은?
    경향신문. https://www.khan.co.kr/article/202304061102001

24 이동연. (2017.8.3). 서버 내 거래소 방어구 시세 하락… 이벤트에 웃고 우는 유저들. 인벤.
    https://www.inven.co.kr/webzine/news/?news=183116

25 VISA. Deep Dive on Solana.
    https://usa.visa.com/solutions/crypto/deep-dive-on-solana.html

26 1ML. Lightning Network Statistics. https://1ml.com/statistics

27 Poon, J., & Dryja, T. (2016).
    The Bitcoin Lightning Network: Scalable Off-Chain Instant Payments.
    https://lightning.network/lightning-network-paper.pdf

28 론 폴, 서병한 역. (2019). 우리는 왜 매번 경제위기를 겪어야 하는가? 바른북스.

29 바구스, 필립 & 마르크바르트, 안드레아스. 배진아 역. (2025).
    왜 그들만 부자가 되는가. 북모먼트.

30 사이페딘 아모스, 임경은 역. (2024). 더 피아트 스탠다드. 다산북스.

31 사토시 나카모도, 필레몬·바우키스 역. (2025).
    비트코인 백서: 개인 대 개인 전자 화폐 시스템. 필레우시스.

32 Ian Coleman. BIP39 Mnemonic Code Converter. https://iancoleman.io/bip39/

33 안토노폴로스, A. M., 최은실, 김도훈, 송주한 역. (2018). 비트코인, 공개 블록체인 프로그래밍.
    고려대학교출판문화원.

34 Blockstream. Use Jade as a stateless signing device. https://help.blockstream.com/hc/en-us/articles/20144489592857-Use-Jade-as-a-stateless-signing-device

35 Blockstream. Create a recovery phrase using dice. https://help.blockstream.com/hc/en-us/articles/20177648363545-Create-a-recovery-phrase-using-dice

36 Blue Wallet. Import a wallet. https://bluewallet.io/docs/import-wallet/

37 Blockstream. How do I use Jade QR Scan with BlueWallet https://help.blockstream.com/hc/en-us/articles/11664909888537-How-do-I-use-Jade-QR-Scan-with-BlueWallet

38 Umbrel. Umbrel OS. https://umbrel.com/umbrelos

39 Umbrel. Umbrel Home. https://umbrel.com/umbrel-home

40 Whatsminer. https://www.whatsminer.com/

41 Canaan. A14 Miner. https://www.canaan.io/miner/A14/

42 Bitmain. https://m.bitmain.com/

43 김태호. (2024.7.19). "실물경제 위협한다"… 금융위가 비트코인 ETF 승인 주저하는 까닭. 조선비즈. https://biz.chosun.com/stock/finance/2024/07/19/RPRTPLJK6FEAXANQG-VW7ACQU34/

44 김명환. (2025.3.8). "비트코인 ETF, 아직도 한국엔 없나요"… 정부·여당, 인프라 정비 나선다. 매일경제. https://www.mk.co.kr/news/politics/11258492

45 미국 백악관 공식 X 계정.https://x.com/WhiteHouse/status/1898446369674936755

46 The White House. (2025.3). Fact Sheet. https://www.whitehouse.gov/fact-sheets/2025/03/fact-sheet-president-donald-j-trump-establishes-the-strategic-bitcoin-reserve-and-u-s-digital-assetstockpile/

47 Bangkok Post. Russia using bitcoin in foreign trade. https://www.bangkokpost.com/business/general/2927056/russia-usingbitcoin-in-foreign-trade

48 Yun, Y. (2024.8.7). How Chinese traders and miners get around China's crypto ban. Cointelegraph. https://cointelegraph.com/magazine/china-crypto-ban-investors/

49. 권승원. (2022.9.17). 중국과 비트코인의 '질긴' 인연, 과연 그 미래는? 블록스트리트. https://www.blockstreet.co.kr/news/view?ud=2022091617455248845

50. Adejumo, O. (2024.12.30). Hong Kong lawmaker advocates including Bitcoin in national reserves. CryptoSlate. https://cryptoslate.com/hong-kong-lawmaker-advocates-including-bitcoin-in-national-reserves/

51. Binance Square. (2024.11.26). El Salvador's Bitcoin adoption progress. https://www.binance.com/en/square/post/11-26-2024-el-salvador-sbitcoin-adoption-shows-significant-progress-report-finds-16750808736321

52. 성재용. (2025.1.2). 스위스 중앙은행, '세계 최초' 비트코인 보유 의무화되나… 국민투표 추진. 뉴데일리. https://www.newdaily.co.kr/site/data/html/2025/01/02/2025010200373.html

53. Plan B. Crypto Payments. https://planb.lugano.ch/crypto-payments/

54. Coin ATM Radar. Switzerland Bitcoin ATMs. https://coinatmradar.com/country/206/bitcoin-atm-switzerland/

55. Bitcointreasuries. Bhutan. https://bitcointreasuries.net/entities/bhutan

56. 글래드스타인, 알렉스, 김동규 역. (2024). 비트코인, 초제국의 종말. 거인의정원.

57. 월러스틴, 이매뉴얼, 이광근 역. (2005). 세계체제분석. 당대.

58. 자이한, 피터, 홍지수 역. (2023). 붕괴하는 세계와 인구학. 김앤김북스.

59. Bitnodes. https://bitnodes.io/dashboard/8y/

60. Bitnodes. https://bitnodes.io/dashboard/8y/

61. Blockchain.com. Hash Rate Chart. https://www.blockchain.com/explorer/charts/hash-rate

62. Blockchain.com. Difficulty Chart. https://www.blockchain.com/explorer/charts/difficulty

63. BTC map. https://btcmap.org/dashboard

64. BTC map. https://btcmap.org/map

65. 국내 비트코인 결제 매장 분포. http://btcmap.kr

화폐적 특이점이 온다
비트코인 웨이브

2025년 6월 초판 1쇄

지은이 이종민

기획, 편집 최현경, 김도연
디자인 강소연
펴낸곳 (주)넷마루

주소 08377 서울 구로구 디지털로33길 48 대륭포스트타워7차 20층
전화 02-597-2342 **이메일** contents@netmaru.net
출판등록 제 25100-2018-000009호

ISBN 979-11-93752-10-4 (03320)

Copyright © netmaru, 2025
이 책의 저작권법에 따라 보호를 받는 저작물이므로 무단 복제와 무단 전재를 금지합니다.

책값은 뒤표지에 있습니다. 잘못 만들어진 책은 구입한 곳에서 바꿔 드립니다.